并购重组

操作流程+实务指南+案例解析

陈雪涛　王　豪 / 著

中国经济出版社
CHINA ECONOMIC PUBLISHING HOUSE
北　京

图书在版编目（CIP）数据

并购重组：操作流程+实务指南+案例解析／陈雪涛，王豪著．—北京：中国经济出版社，2023.10（2025.8 重印）

ISBN 978-7-5136-7439-3

Ⅰ．①并…　Ⅱ．①陈…②王…　Ⅲ．①上市公司－企业兼并－研究－中国　Ⅳ．①F279.246

中国国家版本馆 CIP 数据核字（2023）第 167427 号

责任编辑　张梦初　高　鑫
责任印制　李　伟
封面设计　卓义云天

出版发行　中国经济出版社
印 刷 者　河北宝昌佳彩印刷有限公司
经 销 者　各地新华书店
开　　本　710mm×1000mm　1/16
印　　张　15.75
字　　数　200 千字
版　　次　2023 年 10 月第 1 版
印　　次　2025 年 8 月第 4 次
定　　价　65.00 元
广告经营许可证　京西工商广字第 8179 号

中国经济出版社 **网址** www.economyph.com **社址** 北京市东城区安定门外大街58号 **邮编** 100011
本版图书如存在印装质量问题，请与本社销售中心联系调换（联系电话：010-57512564）

推荐序

疫情三年，经济社会发生了翻天覆地的变化，不少企业的发展受到了冲击，但新的思考也就此产生：企业应当以何种方式发展和运营，才有足够的能力应对突如其来的风险和危机？当意料之外的风险到来之际，企业又该如何应对？关于这些问题，答案并不是唯一的。

纵观企业的发展历程，我们会发现——绝大多数企业都是从生产产品开始，经过长期的营销积累、发展，逐渐在行业内形成一定的规模。然后通过融资、上市、并购重组等手段和方式，实现从产品生产、销售到资本运营的跨越。

并购重组作为一种商业策略，是通过对现有企业的股权、资产等重新进行组合，借助兼并、收购、重组、分离等手段，以达到扩大企业规模、提高企业运营效率、提高企业市场占有率、提高企业知名度等目的。并购重组是一项复杂的商业活动，是重新分配资源和企业权益的过程。2019年，美的集团吸收合并无锡小天鹅股份有限公司，这是中国资本市场首例A股上市公司换股吸收合并A+B股上市公司的并购案例。通过这次并购，小天鹅成功实现了从单一生产线到全球多领域布局的跨越式发展，借助美的集团的广阔平台，充分发挥协同效应，提升了股东的整体利益。除此之外，中国企业也会通过收购海外企业来实施“走出去”战略，比如海尔收购通用家电，并且实现了在美国的独立运作。在提升企业形象方面，吉利通过收购沃尔沃，极大地提升了品牌调性，扩大了影响力。因此企业并购重组与企业战略发展和目标密不可分。

总的来说，并购重组对于企业来说有以下几点意义：

第一，并购重组可以为边缘型上市公司提供“新鲜血液”。

在中国的上市公司中，有一部分公司有着完善的内部治理结构，在消费者中间也有很好的口碑和品牌效应，而且市场前景也很不错，但目前的财务表现并不理想。通过并购重组引入“新鲜血液”，可能会碰撞出新的火花，使企业迎来新的发展机遇。

第二，并购重组可以优化公司法人治理结构。

良好的法人治理结构可以为企业的持续经营提供有力保障。但由于一些上市公司内部股权结构存在不足，无法形成制衡。通过并购重组可以优化企业的股权结构，弥补股东大会“一言堂”的缺陷，改善上市公司的治理结构。

第三，并购重组可以成为股权质押风险的“保护伞”。

据统计，A股上市公司中有97%以上的公司存在股权质押现象，其中不乏股权质押比例达到90%以上的企业。但受近年来新冠疫情、俄乌冲突、中美贸易摩擦等因素的影响，上证指数一度跌破3000点，市值近3万亿元的质押股票存在平仓风险，而这很可能会引起连锁反应，引起市场的系统性风险，带来的后果将是不可估量的。让符合条件的私募股权基金通过协议转让、大宗交易等方式参与上市公司的并购重组，不仅可以为当前陷入困境的企业提供流动资金，缓解当前的经营压力，还可以隔离平仓风险。

当前，我国经济正处于经济全球化下转轨中的新兴市场经济，在这个特殊的历史时期，并购重组对我国的企业来说，也是至关重要的。

首先，我国属于新兴市场国家，面临经济转轨的时代任务。与西方发达国家相比，我国公司的市场经济能力、研发能力、持续经营能力等都有很多不足之处。投资人通过发现被市场低估的优质企业，可以并购重组的方式整合优势资源，提升上市公司的整体质量，优化产业结构。

其次，全球经济结构的调整，将打破我国现有的经济模式和产业结构，对我国经济发展提出新的挑战。现阶段，新兴技术不断涌现，并以更快的速度、更广的宽度、更深远的程度影响着我国的经济结构，这意味着一些传统行业和企业会逐渐被市场淘汰，一批新兴的行业、企业会快速成长起来。通过并购重组可以使我国更好地融入国际经济，促使我国更好、更快地完成经济转型和结构调整。

正是出于这样的背景，本书才应运而生。本书既是并购重组专业知识的汇总，也是雪涛自身经历和认知的总结。我和雪涛相识于2013年清华大学五道口金融学院的课堂上，彼时我正在负责五道口互联网金融实验室的研究工作，而他刚刚离开威盛，打算投身于投资圈。在长期的交往中，我时常被他身上认真钻研、不断学习和精益求精的精神所打动。

我们认识的这些年，经常一起探讨各种专业性话题。作为浸淫行业多年的资深投资人，雪涛不仅关心企业发展期的投融资问题，也重视企业的长期运营和资本运作。在他的职业生涯中，曾先后投资雷神科技、驭势科技、忆年相册、大姨妈、锤子科技等多个知名项目。其中雷神科技以游戏笔记本电脑为核心产品，逐步衍生出多元化的电竞产品线，打造了电竞服务、电竞酒店等产业生态，这家公司已于2022年末成功登陆北交所。驭势科技是国内头部自动驾驶企业之一，其生产的无人摆渡车已在多座国际机场应用，是国内自动驾驶企业中商业化程度最好的公司之一。这些案例之所以能够成功，不仅因为雪涛在智能制造领域拥有超过10年的经验，更是因为他对资本运作、企业管理、并购重组有着极为深刻的理解。这本书不仅是他专业知识的呈现，更是他多年工作和认知的总结。他希望通过这本书，让更多人学习和了解专业知识、树立良好的企业发展管理理念，帮助更多企业在对的时间点做正确的决策。这是他写书的初心和愿景。

疫情之后，我们迎来了崭新的经济周期，各行各业都将有新的发展机遇，上市、并购等资本市场的动作会再次兴起，新机会和新风口也会出现。因此，企业家们应当未雨绸缪，学习如何根据自身的发展战略做好资本选择、如何调整企业发展战略、如何在适合的时机做正确的选择等相关知识。《并购重组：操作流程＋实务指南＋案例解析》一书，既有完整的理论知识体系，又提供了详细具体的实操流程，还提供了丰富的实际案例，将为各位企业家在企业运营、战略决策、商业部署等多个层面提供参考。

愿我们每位读者都学有所获，企业蓬勃向上。

周新旺

清控至道教育董事长

前　言

随着我国资本市场改革的持续深化，资本市场的法律法规不断完善，运行方式越发透明，定价机制越发市场化，并购重组的效率得以大幅提升。另外，受新冠疫情影响，虽然我国经济在2020—2021年实现了正增长，但随着疫情持续发展，仍面临较大的下行压力以及通胀压力。对于这种压力，身处其中的企业感受最为明显。为了提高经营效率以及竞争力，增强抗风险能力，越来越多的企业加快了并购重组的步伐。

根据《证券日报》统计，2021年以来，A股上市公司并购重组实现了“量价双升”。截至2021年11月21日，A股上市公司并购重组事件发生2154起，与2020年同期相比增长15.68%；涉及资金规模超过9745.94亿元，与2020年同期相比增长10.94%。根据《国际金融报》统计，截至2021年12月22日有46起上市公司的并购重组申请上会，只有6起未获通过。整体过会率高达86.96%，这也在一定程度上证明了我国并购重组市场比较活跃。

此外，A股上市公司破产重整的数量也屡创新高。根据《中国经营报》统计，2015—2018年，我国A股上市公司破产重整的数量每年不超过3家，而在2019年破产重整的公司有7家，2020年有15家，2021年有17家。随着破产重整的公司数量越来越多，破产重整消耗的时间也越来越长，难度越来越大。对于上市公司来说，破产重整的优势大幅下降。再加上，随着IPO破发潮的到来，IPO估值优势逐渐下降，对于市值不高的企业来说，选择IPO上市和选择并购重组没有太大差异。因此，难度较小的并购重组获得了大批企业的青睐，2023年，并购重组或将成为资本市场上的热点话题。

并购重组指的是在市场机制的作用下，企业为了扩大市场份额、引入先进技术、整合更多资源、谋求经济增长，通过兼并、收购等方式获得其他企业控制管理权的行为。具体来看，并购重组的优点有很多。

- 扩大企业规模，提高运营效率：企业通过并购重组可以整合更多资源，既包括厂房、生产线、生产设备等实体资产，也包括人力资源、先进技术、销售渠道、管理模式等高价值的资源。这些资源的整合不仅可以扩大经营规模，实现规模效应，提高资源利用率，降低采购、生产、管理等各个环节的成本，进而降低总体的运营成本，还可以提高企业的整体竞争力，改善企业的经营效率，助力企业实现发展战略目标。
- 提高市场占有率，扩大企业知名度：面对竞争激烈的市场环境，企业必须不断壮大自身规模，提高生产力，完善销售网络，进而拓展市场份额。通过并购重组，企业不仅可以壮大自身实力，还可以减少竞争对手的数量，提高行业的集中度，增加行业壁垒，在行业中占据领先地位，获得较为稳定的利润。同时，随着企业规模不断壮大，企业的知名度将大幅提升，从而带动产品的附加值不断提升，提高整体的利润率。

• 扩大经营范围，分散投资风险：在混合并购模式中，企业可以通过投资其他行业扩大经营范围，拓展更广阔的市场，攫取更多利润，还可以分散本行业竞争带来的风险，提高风险抵抗能力，稳定自身发展。

总而言之，作为一种优化资产组合与资源配置的重要方式，并购重组不仅可以壮大企业实力，提高企业的竞争力，还可以培育新的经济增长点，调整经济结构，提高经济运行效率，推动产业升级。但企业买卖并非易事，企业并购重组涉及很多领域的问题，包括金融、经济、法律、税务、股权、财务、公司治理等，并购重组的流程也非常复杂，包括选择目标企业、确定并购方案、开展尽职调查、计算企业估值、进行谈判、设计交易结构、选择支付方式等，任何一个环节出错都有可能导致并购失败。除此之外，并购重组还要考虑人的因素，如何合并部门、重新设置岗位，如何稳定员工队伍、激励员工等都是重要问题。

《并购重组：操作流程+实务指南+案例解析》一书立足于新修订的《公司法》《上市公司收购管理办法》《上市公司重大资产重组管理办法》等法律法规，结合企业并购重组的实践案例，详细介绍了并购重组、公司剥离、公司分立、破产清算、公司重整、公司退市、企业收购、企业兼并、企业重组等概念与基本操作流程，对并购重组的操作程序、运作模式、结构设计、交易方案等关键问题，以及要约收购、协议收购、重大资产重组、借壳上市、资产评估、资产收购、尽职调查、风险控制等关键环节与重点事项进行了多维度解析，对并购重组实践具有极强的指导意义。

本书内容丰富、知识体系完整，涵盖了并购重组的方方面面，介绍了并购重组常用的各种工具，并且将各项业务流程以图表的形式呈现出来，并结合实践案例、司法判例对疑难问题进行解析，极大地降低了理解难度，不仅适合企业管理者、并购整合业务的参与者阅读，还适合金融、经济等专业的高校师生以及企业并购领域的研究者翻阅。

目　录

第1章　并购重组

1.1　并购重组概念辨析及其操作程序

1.1.1　企业并购重组相关辨析

早在1984年7月，我国国有企业的并购重组行为就已初露头角。河北保定纺织机械厂和保定市锅炉厂成为国有企业并购重组的创始人，它们采用承担全部债权债务的方式，分别对保定市针织器材厂和保定市鼓风机厂实施了兼并。但在1993年9月，深圳宝安集团通过二级市场对上海延中实业实施收购，才真正标志着我国上市公司并购重组拉开帷幕。

历经近40年的不断摸索和实践，并购重组行为在经济领域已屡见不鲜，并逐渐成为企业进行资源优化配置活动的重要途径。然而，并购重组在某种程度上是一种错综复杂的企业和社会行为，因此，并购重组相关概念的理解在我国理论界和实务界仍含混不清。

理论界和实务界就并购重组行为给出了一系列名词和术语，这些术语存在一定的关联性和差异性，如收购、合并、兼并、并购、重组、接管、重整等。不管是从法律、经济学理论角度还是从并购重组的实务角度分析，这些术语都会表现出重叠和交叉的现象，使用起来也会分辨不明、含混不清。那么我们首先来辨析一下这些概念。

收购

收购（Acquisition）是指收购方通过购买另一家公司的部分或全部股权的方式，来获取该企业控制权的行为。如果是上市公司被收购，那么该项收购便构成上市公司收购。

根据注册会计师《经济法》中的定义："上市公司收购，是指收购人通过在证券交易所的股份转让活动持有一个上市公司的股份达到一定比例或通过证券交易所股份转让活动以外的其他合法途径控制一个上市公司的股份达到一定程度，导致其获得或者可能获得对该公司的实际控制权的行为。"

如果被收购的目标公司是非上市公司，那么收购指的是企业通过股票、债券、现金或其他方式购买另一家企业的部分或全部股权，来获取该企业控制权的行为。由此可见，收购行为中，必须出现目标公司控制权转移的行为。

收购人可以是自然人或者公司法人，也可以是其他经济主体，是指在收购过程中受让上市公司股份，从而取得或试图取得上市公司控制权的主体。收购人如果是一家公司或企业，那么又可称为收购公司或收购企业。被收购人通常被称为目标公司，是指收购行为所指向的目标，即被收购的公司。

合并

合并（Combination）指的是两家以上的公司按照协议或法规，共同组成一个公司的行为。它有两种形式，一是吸收合并，指的是两家以上的公司发生合并行为，其中一家公司通过吸收其他几家公司得以继续存在，并形成存续公司的行为；二是创新合并，指的是两家以上的公司经过合并行为，原有公司都不再存续，而是创立一家新的公司的行为。

兼并

兼并（Merger）也就是“吸收合并”，是指两家以上的企业进行合并的行为，其中一家优势较大的企业收购其余几家企业的资产和负债，保留自身公司法人的地位继续经营，而其他的被收购的企业在合并后法人地位不复存在并解散消失。

并购

并购（Mergers and Acquisitions，M&A）其实是兼并与收购的统称。并购的实质简单来讲就是企业权利主体不断变换的过程。在一定的财产权利制度和企业制度的条件约束下，企业为寻求发展动机，会产生并购活动。在这个过程中，各权利主体的企业控制权会发生一定的变动，A权利主体将自身所拥有的企业控制权转让给B权利主体，并从B权利主体处获取收益，显然，B权利主体需要付出一定的代价来获得该部分企业控制权，这就是企业并购的过程。

重组

重组（Restructuring）指的是企业为改变企业的组织形式、经营方式以及经营范围而制定计划和控制实施的行为。例如，较大程度地调整企业的组织结构，终止或出售企业的某些经营业务，关闭或迁移企业的部分经营场所等，都属于企业重组的范畴。此外，重组还包括股份分拆、合并、资本缩减（部分偿还）以及名称改变等。相比于企业之间进行的收购兼并等概念，重组指的是企业内部进行的变动。

接管

接管（Takeover）一般指的是接收和管理，指接管方接收和管理其他方的有关财产或其他实物并履行相应职责的行为。通常情况下，产生接管行为的原因较为多样化。

接管一词在我国的破产法板块使用较为广泛。根据《中华人民共和国企业破产法》(以下简称《破产法》)的规定，企业宣告破产，由管理人接管企业的所有事宜。另外，我国最高人民法院《关于审理企业破产案件若干问题的规定》第五十条规定了清算组接管破产企业时的主要职责；第十八条规定“人民法院受理企业破产案件后，除可以随即进行破产宣告成立清算组的外，在企业原管理组织不能正常履行管理职责的情况下，可以成立企业监管组”，并明确了监管组的构成及主要职责。

接管的实质是将企业的经营权和管理权进行接管，并接收与之相关的企业财产和文件资料等。清算组织或者企业监管组在执行接管行为时，可以直接取得接管权并履行接管职责，此过程不需要谋取接管权。

重整

重整（Reorganization）是指企业在被宣告破产之前，债务人向人民法院申请对企业进行重新整顿，在法院支持下债权人和债务人签订协议，在一定期限内，债务人向债权人清偿部分或全部债务，同时债务人有权依法继续经营业务的行为。

这样看来，重整包含债务重整和业务重整两方面。通常，公司会利用股权转让的方式来吸引新投资者，借助他们的力量实现公司的业务重整，又叫股权重整，这也是公司重整的重要环节。在我国，受限于一些法律法规，业务调整通常采用资产置换的方式来实现；而在国外，业务调整更多的是通过公司合并、分立的方式进行，或者借助增发新股或债转股来吸引新投资者的途径实现。

通俗来讲，公司重整是指当债务公司出现破产原因或可能出现破产原因时，通过债权人和债务人以及法院的共同努力，来挽救债务公司的行为。公司通常会采取股权转让、债务重整、资产置换等手段进行挽救，因此，公司重整的实质也可称为并购重组行为。

企业的并购重组行为包括联营企业、公司剥离、公司分立、破产清算、公司重整、公司退市等。接下来我们对这些概念和相关操作程序加以辨析。

1.1.2　联营企业及其操作程序

联营企业（Joint Venture）指的是两个及两个以上的经济主体为实现共同的战略目标共同投资形成的经济组织。联营企业因其目标一致，且具有十足的进取心，所以也可称为战略联盟。一般来讲，联营企业的形式有两种，即有限公司和合伙企业，按照《中华人民共和国民法典》表述，联营企业通常具有如表1-1所示特点。

表1-1　联营企业的六大特点

序号	特点
1	合伙人会在共同企业中投入财产、资金、技能、知识及其他形式的资产
2	对共同企业的经营目标享有共同的财产利益
3	相互控制权或企业管理权
4	进行利润预测，或者参与“冒险”
5	有权分享利润
6	限制目标为单一任务或临时企业

联营企业通常具有时限性，作为独立实体的每个合伙人在期满后均可以依法相继退出。

1.1.3　公司剥离及其操作程序

剥离（Divestiture）指的是公司依法将自身的部门或子公司、产品生产线或者某些固定资产向其他公司予以出售，来获取现金回报或股票回报的行为，如图1-1所示。从法律层面分析，企业的剥离行为实质上是企业的一种买卖行为，但是剥离涉及的资产数额更为巨大，会对企业甚至行业和社会产生深远影响，因此，法律在这方面关注更多，也投入较多精力。

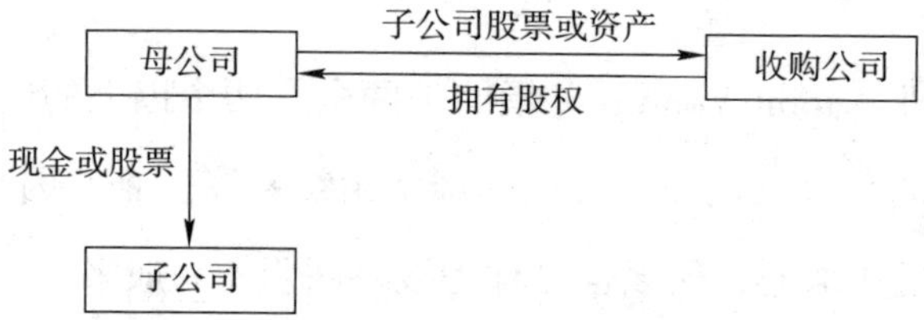

图 1-1　公司剥离的操作流程

在企业的收缩战略中，剥离行为最简单，也最容易理解。在一个企业中，难免存在脱离公司战略核心业务的资产或业务单元，企业可以将它们出售给其他企业，再将收到的资金补偿投入企业的战略核心业务，或者可以采用发放清算性股利或股份回购等有益于股东的方式。

值得一提的是，公司剥离的对象可以是资产，也可以是股权，法律中提及的股权转让，就是向公众出售子公司的部分股权行为。

分拆上市（Carve-Out）也可称为股权切离或者分立的IPO，指的是母公司将部分资产转移到新设立的子公司中，再将子公司的股权单独进行首次公开出售（IPO）。分拆上市的一般操作流程如图1-2所示。

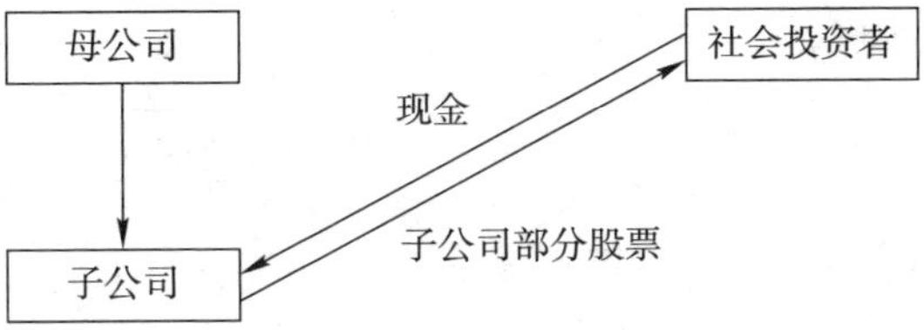

图1-2　分拆上市的操作流程

通常，分拆上市会表现出以下特征：

（1）母公司首先属于上市公司，分拆产生的子公司也发行上市，子公司从原来母公司的下属公司变为直接面对公众的上市公司，但并不一定要在相同的股票交易市场发行。

（2）母公司对子公司拥有绝对的控制权，不受母公司对子公司持股比例变化的影响。

不难看出，在分拆上市中，母公司保留了对子公司的控制权，只出让了部分权利，而在一般的资产剥离或子公司整体股权分离中，母公司需要出让其对子公司的所有权利，这也是分拆上市与一般的资产剥离和子公司股权分离的差异。

1.1.4　公司分立及其操作程序

分立（Spin-Offs）通常是股权式的，是与公司合并相反的一种行为，它是指公司依法分立成两个或两个以上的公司，母公司在新设立的子公司中持有一定的股份，将其作为股利分配给现有的股东，分配时应按照现有股东持有母公司的股份比例进行。这种分立称为“纯粹的分立”（Pure Spin-Offs），它有别于并股和拆股的概念，其操作流程如图1-3所示。

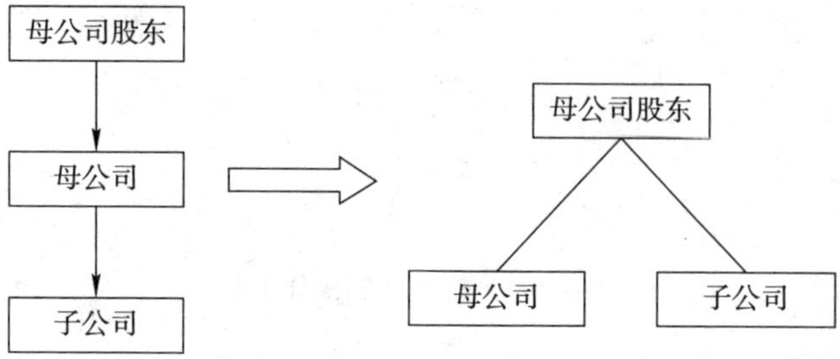

图 1-3 公司分立的操作流程

分立交易完成后，对分立出去的子公司来讲，它会获得与母公司平等的法律地位，属于一个独立的经济主体，拥有自己独立的经营权利、股东结构和管理团队，不再依附于母公司而存在。对母公司来讲，在公司分立交易发生前后，其股东对子公司的股权和控制权既没有减少，也没有发生转移，只是在分立前后，股东对子公司的拥有方式发生了改变，从间接拥有子公司转变为直接拥有子公司。

公司分立与剥离也有一些差异，最根本的区别表现在是否会发生现金或有价证券的支付，剥离交易发生时会出现现金或有价证券支付的行为，但分立通常不会有，只是将股权进行重新分配。另外，两者在子公司控制权的变化上也有区别，剥离会使子公司的控制权发生转移，由新的股东来接手子公司的控制权，但分立过程中，母公司股东保留对子公司的控制权，不会发生转移。

分立与并股的区别

“并股”（Split-Offs）又称反向股票分割，它是指母公司将其在子公司中持有的股份分配给一部分母公司的股东，以换取这些股东手中的母公司股份。

与上面所介绍的纯粹的分立相比，最大的区别是，并股发生后，公司的股权所有者和股权比例有所变化。首先，并股后，原母公司的部分股东会有丧失新公司股份的可能，新公司的部分股东同样会有丧失原母公司股份的可能；其次，并股过程中在给母公司股东分配子公司的股份时，不会按照母公司股东所持有的股份比例进行。由于并股需要母公司的股东自愿放弃其在母公司所享有的权益，因此，在现实中，并股交易发生得较少。并股的操作流程如图1–4所示。

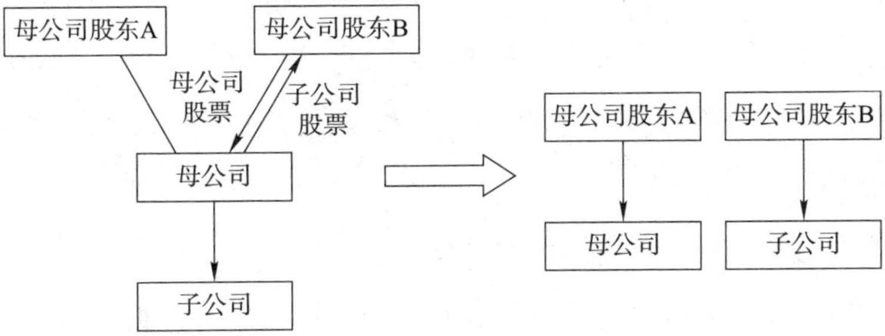

图1–4　并股的操作流程

分立与拆股的区别

“拆股”（Split–Ups）是指母公司将全部子公司分立出去，母公司不再具备法律主体的资格而走向消解，因此拆股又被称为析产分股。拆股完成后，会出现若干个新的公司。由于在向股东分配子公司的股权时，采用的方式不尽相同，因此，新公司的股权所有者和股权比例与拆股前的母公司可能也会有所不同。拆股的一般操作流程如图1–5所示。

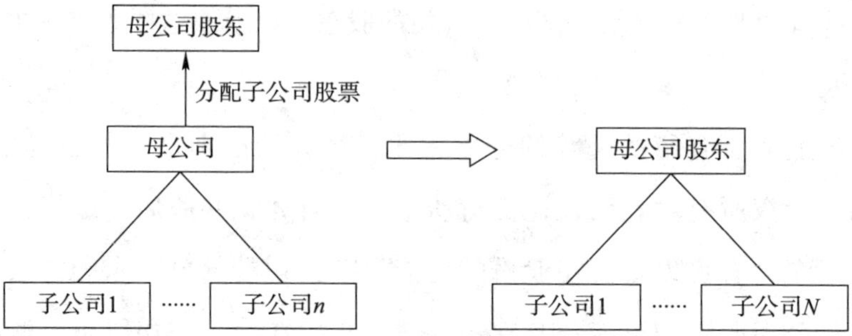

图 1–5　拆股的操作流程

1.1.5　破产清算及其操作程序

破产（Bankruptcy）是在债务人不能清偿到期债务时，由法院强制执行其全部财产，公平清偿全体债权人，或者在法院监督下，由债务人与债权人达成和解协议，整顿、复苏企业，清偿债务，避免倒闭清算的法律制度。

破产通常是企业经营最坏的结果，是企业经营失败迫不得已采取的措施，但是破产也可以帮助企业逃避债务，可以作为企业的一种收缩战略。比如，母公司下有一子公司经营不善，资不抵债，那么母公司可以选择将该子公司进行破产清算，以避免殃及母公司的经营。

清算（Liquidation）是指对已经解散的企业进行依法处理其剩余财产的行为，包括依法清理和拍卖企业的财产、债务等，来保护企业相关利益者的合法权益，并终止企业的经营活动，终结其一切法律关系。

导致企业清算的原因较多，如破产清算、合并清算、分立清算等。其中，破产清算是最为常见的一种，它是指企业经营不利，资不抵债，法院为了保护债权人、所有者的合法权益，介入企业的破产清算行为中，依法处理和分配企业的财产和债务等行为，此时，企业停止经营，法人资格也被依法撤销。而合并清算或分立清算等是在企业发生合并或分立时进行的清算行为，比如吸收合并时，法院会对被吸收方进行解散清算。

根据《破产法》和《中华人民共和国民事诉讼法》的规定，公司的破产清算程序如表1–2所示。

表 1–2　破产清算程序

程序	具体内容
成立清算组	人民法院应当在解散事由出现之日起十五日内成立清算组，清算组的人员应当包括公司股东、有关中介机构和专业人士
清算组接管破产企业	在企业被宣告破产之后，由清算组接管破产企业，对破产企业的财产进行管理、清理、估价、处理、分配，并代表破产企业出席民事活动，清算组须向人民法院汇报工作，且对人民法院负责
破产财产分配	清算组对企业的破产财产进行清点，并提出分配方案，按程序在债权人会议上讨论，通过后向人民法院报备，经人民法院批准后清算组负责执行
清算终结	清算组在完成破产财产清算分配后，须向人民法院汇报工作情况，并申请人民法院裁定破产终结，没有得到清偿的债权将不再进行清偿
注销登记	清算组在破产财产分配完成后，依法向破产公司的原登记机关进行注销原公司的登记申请，登记机关依法终止企业的经营权，企业注销

1.1.6　公司重整及其操作程序

企业重整（Reorganization）通常是因为企业已经停止营业或面临停止营业的风险表现在企业财务上的危机。企业重整通过调整企业的资本结构，挖掘企业出现财务危机的根本原因并加以处理，使企业重新运作起来，阻止企业破产，保护债权人、股东和企业职工的利益。企业重整的意义在于：

- 将企业从破产的边缘拉回来，重新投入新的生产经营活动中；
- 有效维护债权人和股东的利益，避免因企业破产带来的损失；
- 有效保护企业职工的利益，使他们不会因企业破产而失业；
- 企业原有的业务关系得到维系并保持稳定，从而避免社会经济动荡。

通常，企业重整的程序包含申请人提出重整申请、法院受理重整申请、重整人执行重整计划三个步骤。

申请人提出重整申请

在企业濒临破产边缘时，企业的债权人、债务人和连续六个月持有公司10%以上股份的股东都可以作为申请人，有权向被申请人所在地的法院提出重整申请，并须递交书面申请书。需要注意，申请人应当在企业被宣告破产前提出重整申请，宣告破产后不得再提起。

法院受理重整申请

法院受理重整申请时，通常包含以下三部分工作内容。

（1）重整申请的审查。法院应首先审查申请人递交的重整申请，审查内容主要包含形式审查和实质审查两方面，如表1–3所示。

表1–3　审查的两大内容

审查内容	具体内容
形式审查	包括法院是否对该事项具有管辖权、申请人是否符合条件、申请书的形式是否符合法律规定
实质审查	包括被申请人是否符合条件、债务人的重整原因是否符合条件、债务人是否有能力拯救

（2）法院的调查。法院指派法官依法调查被申请重整的企业，对其债务人的财力状况和经营状况进行详细调查，并征询有关主管机关的意见，向法院提交调查报告。当然，法院也可以委任其他人员进行调查，但须具有专业知识经验，且与债务人之间不存在利害关系。

（3）选任检查人。在完成对企业的初步调查后，法院选任专业检查人对企业的情况进行详细的调查，方便法院裁定是否通过申请人的重整申请。检查人的调查内容如表1–4所示。

表1–4　检查人的调查内容

序号	调查内容
1	检查公司业务和财务情况并对企业资产进行估价
2	按照财务费用的负担标准，公司的营业状况是否仍有经营价值
3	企业负责人是否合法合规地开展业务
4	提出申请的事项是否全部属实

（4）法院在接到申请到做出受理裁定的期间内，可以依法或依照申请人的申请，中止对债务人的其他民事执行程序，或者对公司财产采取保全措施，以保护相关利益人的合法权益。

（5）受理重整申请裁定的效力。法院通过申请人的重整申请后，应当在法定期限内将准许重整的裁定予以公告，并以书面形式将裁定书及公告事项传达给重整监督人、重整人、已知债权人、股东及主管机关。

重整人执行重整计划

重整人应在债务人的协助下及时拟定重整计划草案，并呈交关系人会议讨论，通过后重整监督人将其递交法院批准，重整人启动重整程序，法院批准的重整计划对债务人和关系人具有法定约束力。重整计划的三大内容如表1–5所示。

表1–5 重整计划的三大内容

序号	具体内容
1	债权变动的具体情况、债务清偿的期限和履行的担保及作出的清偿条件
2	重整措施，包括如何处理企业的整体情况，企业如何获取重新发展的资金等，可供参考的方式有借入资本、合理的资本置换、将公司部分资产进行出售、依法增发股票或债券等
3	重整计划落地执行

法院指定重整人进行重整计划的落地实施，在重整计划实施过程中，重整监督人对重整人进行监督，重整人应当尽到善良管理人的义务，如有违反并损害债务人或关系人的利益时，应当依法予以赔付。

1.1.7 公司退市及其操作程序

上市公司退市是指在各类因素影响下，上市公司终止其股票挂牌交易的行为。2020年11月2日，中央全面深化改革委员会第十六次会议审议通过了《健全上市公司退市机制实施方案》，该方案的实施有效改善了上市公司经营环境，提高了上市公司的质量，实现了经济发展的良性循环。

上市公司退市有主动退市和强制退市两种情况，主动退市是指上市公司通过并购等交易行为主动申请退市的行为；强制退市是指由于公司不符合证券交易所财务等方面的标准和相关规定而被交易所强制终止上市的行为。

2020年3月施行的新《证券法》修订了退市有关的法律条款。上海证券交易所和深圳证券交易所组成了证券市场的自律监管机构，上市公司退市会依据自律监管机构发布的相关规则来按程序进行。2020年12月，沪深交易所发布了新修订的退市相关规则，具体包括《上海证券交易所股票上市规则》《深圳证券交易所股票上市规则》，以及《上海证券交易所科创板股票上市规则》等（以下简称“退市新规”）。

退市新规主要在交易类指标、财务类指标、规范类指标和重大违法类指标以及退市流程等方面，对强制退市指标进行了修改或完善：

（1）交易类指标方面，将面值退市明确为1元退市，且新增了市值退市标准，即连续20个交易日总市值低于人民币3亿元的，终止上市。

（2）财务类指标方面，取消了原来的单一净利润指标或营业收入指标，改为扣非前/后净利润为负加上扣除与主营业务无关的业务收入和不具备商业实质的收入后的营业收入低于人民币1亿元，且连续2年的，终止上市。

（3）规范类指标方面，新增了信息披露、规范运作存在重大缺陷且拒不改正的内容，具体如表1–6所示。

表1–6　规范类指标的四大内容

序号	具体指标
1	失去公司有效信息来源
2	公司拒不披露应当披露的重大信息
3	公司严重扰乱信息披露秩序，并造成恶劣影响
4	半数以上董事对半年报或年报的真实性、准确性和完整性无法保证的，将实施退市风险警示

（4）重大违法类指标方面，上市公司存在欺诈发行、重大信息披露违法或者其他严重损害证券市场秩序的重大违法行为，且严重影响上市

地位，其股票应当被终止上市。其中财务造假标准明确为公司披露的营业收入、净利润、利润总额、资产负债表任一指标连续两年均存在虚假记载，虚假记载的营业收入金额合计达到5亿元以上，且超过该两年披露的同一指标合计金额的50%，终止上市。

（5）退市流程方面，退市新规不再有暂停上市和恢复上市环节，如果公司连续两年净利亏损且营业收入低于1亿元人民币，就将终止上市。退市整理期由30个交易日缩短为15个交易日，退市整理期首日不设涨跌幅。

1.2 企业收购的概念类型与实务指引

1.2.1 根据收购支付主体划分

作为企业资本经营的形式之一，收购涵盖了经济和法律两个层面的意义。在经济意义层面，收购往往指的是通过收购方企业购买资产等方式取得被收购方企业的经营控制权，其实质是企业控制权的转让。通常，收购发生在经济下滑、行业萧条时，在对方公司的二级市场进行低价股票收购。在法律意义层面，依据我国《证券法》的规定，收购指的是持有一家上市公司发行在外的股份的30%时发出要约收购该公司股票的行为，其实质是企业股权的转让。

收购可以从不同角度划分为不同的类型，如图1–6所示。

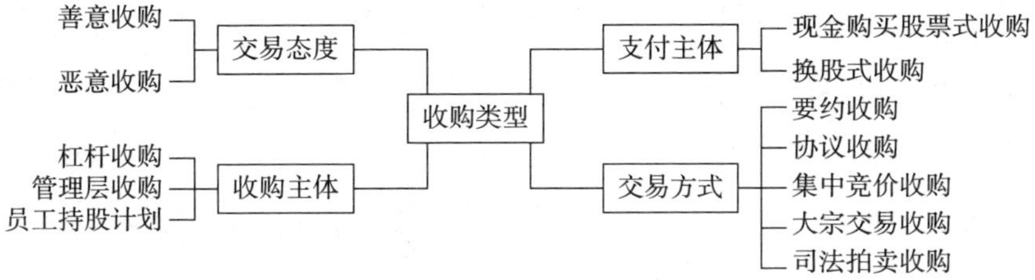

图 1-6　收购的四种分类

接下来我们首先从支付方式角度来进行简单的概念区分。从以上分类我们可以了解到，从支付主体角度可以划分为现金购买股票式收购和换股式收购。

现金购买股票式收购

现金购买股票式收购（Cash-for-Stock Acquisition）指的是收购方通过向目标公司股东支付现金的方式购买其持有的目标公司的股票，从而获取目标公司资产的控制权。现金购买股票式收购流程如图 1-7 所示。

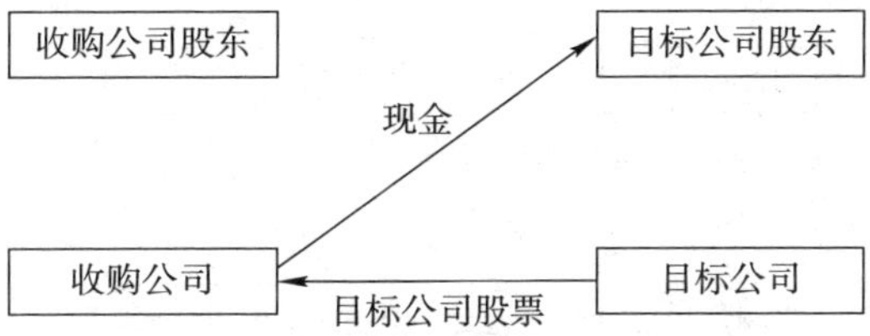

图 1-7　现金购买股票式收购流程

在这种方式下，收购公司通常只需购买目标公司一定比例的股票，便可以得到目标公司的控制权。理论上讲，收购公司如果拥有了目标公司 50% 以上的股份，就相当于拥有了目标公司的绝对控制权，但在实践中，现代股份公司的股份呈现出较为分散的特征。因此，收购公司只需持有目标公司 30% 甚至更低的股份，就能够实现对目标公司的控制。

交易完成后，收购公司从原目标公司的股东手中获得原目标公司的股票，并向原目标公司的股东支付现金作为补偿，原目标公司变成收购公司的子公司。

通常，收购公司不会购买目标公司所有的股票，这种情况下，收购公司拥有目标公司股票的比例低于100%，此时，目标公司是收购公司的一个控股子公司而非全资子公司。当目标公司是一家上市公司时，收购公司购买了这家上市公司75%以上的股票（或公司股本超过4亿元的上市公司85%以上的股票），如果目标公司不采取一定的措施来维持其上市地位，那么目标公司的股票将会被终止上市。

换股式收购

换股式收购（Stock-for-Stock Acquisition）指的是收购公司将自身的股票与目标公司股东持有的目标公司的股票进行交换，从而获取目标公司资产的控制权。换股式收购流程如图1-8所示。

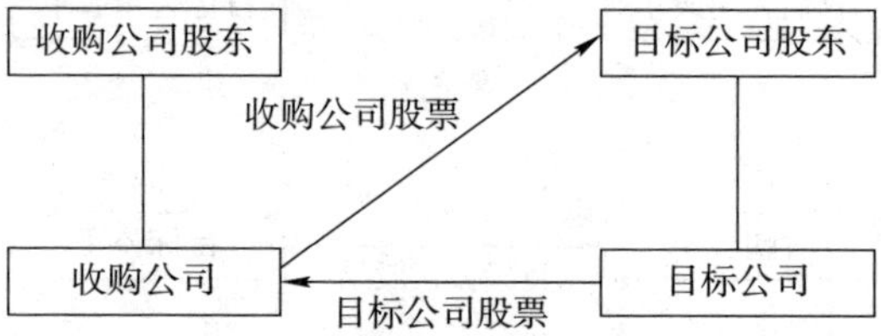

图 1-8　换股式收购流程

这种方式下，目标公司成为收购公司的一个全资子公司，并且其资产和负债的拥有权转移到收购公司一方，收购公司与目标公司之间形成母子公司的关系，此时，目标公司的债权人不得向收购公司索取与目标公司相关的债务。

值得注意的是，这里收购公司和目标公司并不是通过资产和负债合并而成为一个法人实体，而是目标公司以全资子公司的形式为收购公司所拥有而形成的一个独立的法人实体。但现实中也有合并的形式，即当收购方用自己的股票换取目标公司全部的股票时，就产生了双方的合并，但从实质上讲，这其实是换股式兼并。

1.2.2　根据收购交易方式划分

收购按照不同的交易方式，可以划分为五个类型，即要约收购、协议收购、集中竞价收购、大宗交易收购和司法拍卖收购。

要约收购

要约收购（Tender Offer）指的是收购公司向被收购公司的所有股东发出公告，明示某个期限之后收购方以一定价格购买被收购方股东拥有的股份，被收购方确认后实行收购。要约收购的一般操作流程如图1–9所示。

图1–9中显示，收购人首先做出要约收购的决定，然后依法履行信息披露的义务。这时，收购方需要拟定《要约收购报告书》并将其交由证监会、交易所以及当地的政管办进行审核。其间，收购方须将报告书的摘要进行公示，通知目标公司的董事会，并依法处理其他事宜；《要约收购报告书》经证监会及其他相关机构审核通过后，收购方须将其进行公示，此时要约收购正式开始，通常要约期是30～60天，收购方在期满之后按照预受要约情况进行股票的交割，至此收购交易完成。

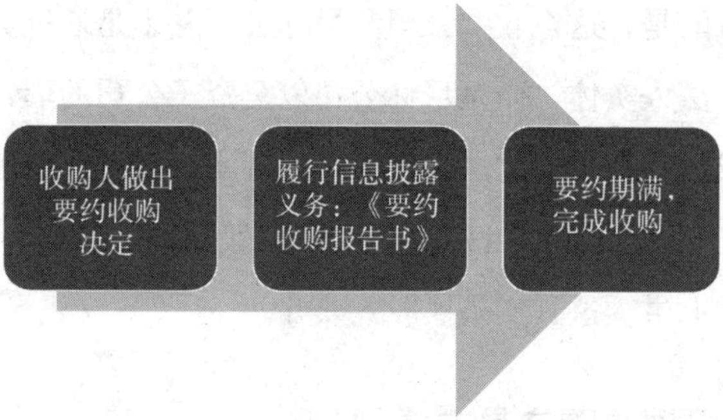

图 1-9　要约收购的操作流程

要约收购又可以根据不同的标准划分为不同的要约收购形式：按照收购人是否自愿发出收购要约可分为强制要约收购和主动要约收购；按照要约标的股份在目标公司其他股东手中持有的比例可分为全面要约收购和部分要约收购。

（1）强制要约收购和主动要约收购。

强制要约收购指的是收购人持有的目标公司的股份已达到法定比例，并且收购人选择继续收购，或者没有达到法定比例，收购人打算继续收购以至达到甚至超过该比例时，收购人须依法向目标公司的所有股东发出公开收购的要约方可实行收购。主动要约收购指的是收购人打算继续收购目标公司的股份时，自行发出的要约收购。

（2）全面要约收购和部分要约收购。

收购人向目标公司的全部股东发出公开收购的要约，计划收购其持有的目标公司的全部股份的行为即为全面要约收购；而计划收购其所持有的全部股份的一部分则为部分要约收购。

协议收购

协议收购（Negotiated Acquisition、Agreement Purchasing）指的是收

购人与目标公司的大股东不经过证券交易所而在私下进行协商达成合法的收购协议，并以约定好的股票价格、数量、期限等进行收购的行为。协议收购的一般操作流程如图1-10所示。

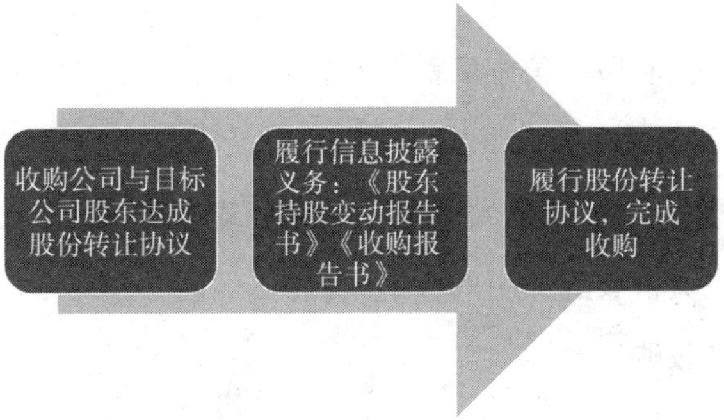

图1-10　协议收购的操作流程

集中竞价收购

集中竞价收购指的是收购人与目标公司的股东在证券交易所利用集中竞价的手段进行收购的行为，其实质是上市公司的收购，所以，收购人应当履行法定的信息披露义务。集中竞价收购的一般操作流程如图1-11所示。

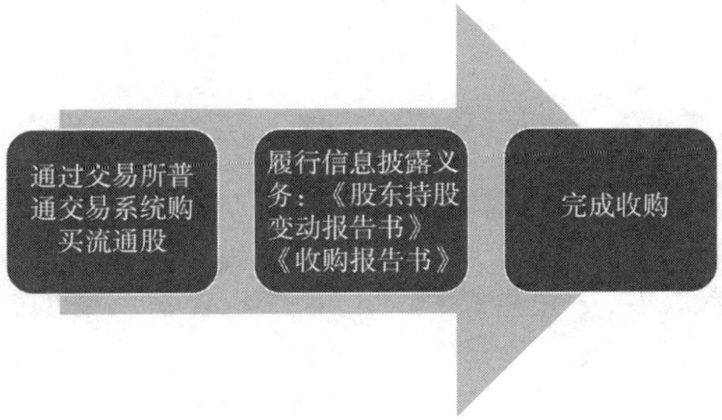

图1-11　集中竞价收购的操作流程

在采用集中竞价方式的收购中，目标上市公司须符合两个硬性条件，一是目标上市公司的股东持股较为分散，二是目标上市公司的流通股须达到能够令收购人在收购完成后实现控股的比例。

就我国证券市场的行情来看，市场上既有流通股，也有非流通股，非流通股的占比和股权集中度都相对较高，因此在实践中，真正的集中竞价收购案例在我国的上市公司收购中较为罕见，仅在“三无概念股”的收购中出现。2002年的太太药业收购丽珠集团案例，是我国首个协议收购和集中竞价收购并用的收购案例。

大宗交易收购

大宗交易收购（Block Trading Acquisition）指的是收购人与目标公司在证券交易所以大宗交易方式进行的收购行为，这种方式下交易的标的是上市公司的流通股股票，且收购人购买的股票要达到法定的比例，方能获得公司的实际控制权。因此，大宗交易收购构成上市公司收购，交易双方应当履行法定的信息披露义务。大宗交易收购的一般操作流程如图1–12所示。

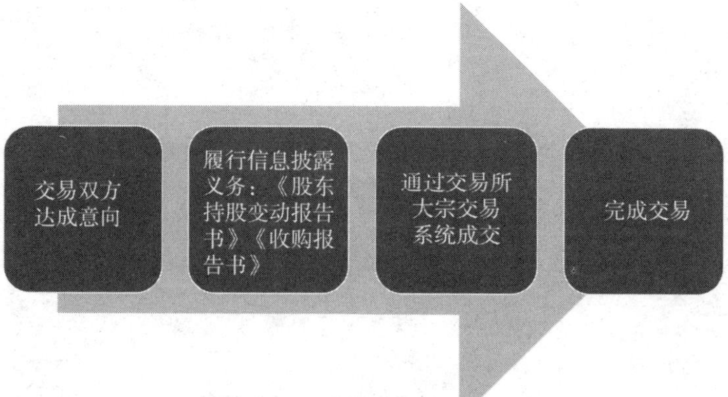

图1–12　大宗交易收购的操作流程

通过分析可以看出，大宗交易收购与集中竞价收购的区别在于两者采用不同的途径获取目标公司的股票，除此之外，两者几乎再无区别。收购人如果采取集中竞价收购方式，那么需要在证券交易市场购买的目标公司股票数量巨大，从而导致股价上涨，收购人在购买股票时花费的收购成本会大幅增加。但收购人如果利用大宗交易手段进行股票购进行为，就可以很好地避免这一情况的发生。我国证券市场正在进一步开放，有望在未来实现非流通股的完全流通。这种形势下，大宗交易制度必会为越来越多的收购者青睐。

司法拍卖收购

司法拍卖收购指的是目标公司的股东存在一定的经济纠纷，法院依法冻结其股权，并依法委托相关机构将其股份进行评估和拍卖，造成目标公司的实际控制权发生转移的行为。司法拍卖收购的一般操作流程如图1-13所示。

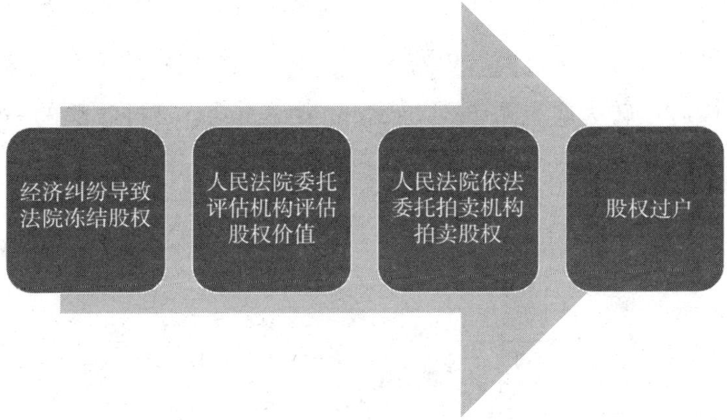

图1-13 司法拍卖收购的操作流程

从以上描述和图示可以看出，司法拍卖是无须经由财政部批准，而由人民法院强制裁定的一种收购行为。司法拍卖的程序包括法院裁决、股权冻结、评估和正式拍卖等环节，司法程序较为复杂，且历时较长，而且司法拍卖的价格通常要比上市公司的净资产低。在实践中，收购人通常很少采用司法拍卖的方式来进行收购。

1.2.3 根据收购交易主体划分

收购按照不同的收购主体，又可以划分为杠杆收购、管理层收购和员工持股计划。

杠杆收购

杠杆收购（Leveraged Buyout，LBO）也叫作融资并购或者举债经营收购，它指的是投资者利用一小部分资金成立壳公司，以目标公司的资产作为债务抵押，向银行或机构借款或发行债券，获取巨额资金以收购目标公司的行为。这个过程中，投资者想要与股票持有者正常合作，就需付出更高的代价。目标公司如果是一家上市公司，那么通常会在杠杆收购完成后“转为非上市公司”（Going Private）。杠杆收购的一般操作流程如图 1–14 所示。

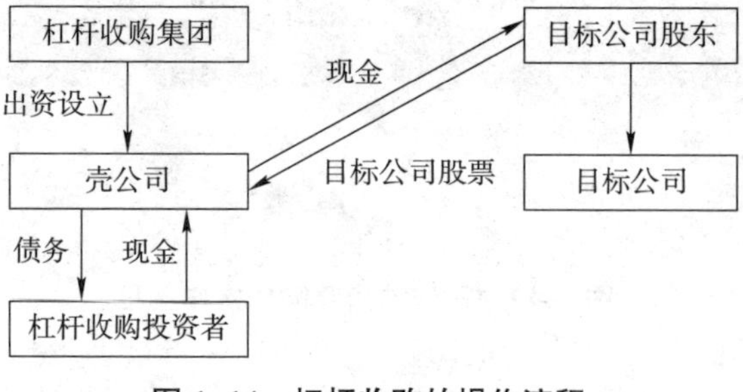

图 1–14　杠杆收购的操作流程

典型的杠杆收购操作流程通常会经历四个阶段，前两个阶段的完成虽然标志着杠杆收购的完成，但作为后续操作的后两个阶段也是整个杠杆收购不可或缺的部分。

第一个阶段，投资者（杠杆收购集团）利用小额资金设立壳公司，以其作为收购工具向银行或相关机构进行抵押借款，或者以私募基金的方式向保险公司或其他机构发行债券，以筹集用于收购的大量资金。

第二个阶段，投资者利用筹集的资金通过壳公司来购买目标公司股东所持有的全部股份或其全部资产，以获取目标公司的所有权。目标公司如果是上市公司，那么在这个阶段完成后其股票会终止上市，即“转为非上市公司”。

第三个阶段，管理者会进行一系列操作，目的是提升公司利润和现金流以偿还壳公司的债务，而且还要及时准确地判断现金流是否足以偿还当期债务，必要时管理者可能还会采用一些举措来获取现金流，比如将部分资产进行出售，或者发行新的债券等。

第四个阶段，如果公司发展良好且逐步强大，投资者会将公司再度公开上市，这也称为“二级初始公开发行”（Secondary Initial Public Offering，SIPO）。

管理层收购

管理层收购（MBO）的概念有广义和狭义之分。

广义的管理层收购也叫外部管理层收购（Management Buy-in，MBI），它通常是指企业外部的管理者利用自有资金或外部融资等方式对目标公司的股权进行收购，获取公司控制权并取代企业的原管理层。

西方学者通常采用该层面的定义来研究管理层收购。

狭义的管理层收购（Management Buy-out，MBO）指的是企业内部的管理者利用自有资金或者外部融资实现对所在公司股份的收购，并掌握企业的实际控制权的行为。

在实践中，管理层收购又可以根据不同的收购主体划分为三种类型：

- 典型的管理层收购（MBO），即完全由内部管理者融资独立进行的收购。
- 管理层与员工联合收购（Management-employee Buy-out，MEBO），即企业的管理层和员工联合完成的收购，管理层掌握的股份和控制权较员工大。
- 外部投资者和管理者联合收购（Investor-led Buy-out，IBO），即外部投资者与企业管理者联合完成的收购，原企业的管理者拥有企业的实际控制权，且外部投资者会适时转让其拥有的股权给其他投资者或企业管理者，从而退出企业。

管理层收购与杠杆收购的一般操作流程大体一致，区别仅在于管理层收购行为的投资者主要是由目标公司的管理层组成。

员工持股计划

员工持股计划（Employee Stock Ownership Plan，ESOP）指的是企业的员工可以持有企业的股票，且在企业的生产经营管理过程中，拥有企业员工和企业所有者两个身份，这种制度能够有效保留和激励员工。20

世纪50年代，员工持股计划在美国兴起，并在80年代快速发展。

员工持股计划可以划分为两种：杠杆化的员工持股计划和非杠杆化的员工持股计划。

杠杆化的员工持股计划指的是员工通过借款来购买公司的股票，公司每年会向参与员工持股计划的人员捐献资金和支付股息，并以此来偿还借款，这一部分的资金可以在计算纳税时扣除。而在非杠杆化的员工持股计划中，通常是公司直接向参与员工持股计划的人捐献现金或新股，员工再使用现金购买公司的股票。

在实践中，杠杆化的员工持股计划具有融资和增加纳税优惠的优点，因此，很多员工和企业更青睐杠杆化融资。

1.2.4　根据收购交易态度划分

由于在公司收购交易中存在目标公司实际控制权转移的情况，所以目标公司管理层会考虑收购给自身利益带来的影响，从而会对收购公司发来的收购邀请产生不同的态度和看法。从这个层面来看，我们也可以将公司的收购行为划分为善意收购和恶意收购。

善意收购

善意收购（Friendly Acquisition）指的是目标公司的管理层和董事会知晓收购公司的收购行为并表示赞同和支持，从而收购公司进行收购的行为。善意收购的目的通常是为目标公司带来更好的经济效益，改善其经营管理，因此，目标公司的管理层和股东会欣然接受。

恶意收购

恶意收购（Hostile Acquisition）也称为敌意收购，指的是目标公司管理层和董事会对收购公司的收购行为不知情或者持反对意见，但收购公司仍要强行进行收购的行为。

这种情况下，收购公司一般会通过二级市场进行暗箱操作，吸纳目标公司的股份，或者出其不意地向目标公司发送收购要约。目标公司的管理层如果不认同此项收购行为，就会建议股东拒绝收购要约，或者请示股东大会允许管理层采取反收购措施。因此，在收购公司采取恶意收购的方式进行收购时，付出的收购成本会大幅增加。

1.3 企业兼并的概念类型与案例剖析

1.3.1 企业收购与兼并、合并

我国在1993年颁布的《公司法》第一百八十四条规定："公司合并可以采取吸收合并和新设合并两种形式。一个公司吸收其他公司为吸收合并，被吸收的公司解散。二个以上公司合并设立一个新的公司为新设合并，合并各方解散。"狭义的兼并中，我们将存续下来的一方称为兼并公司，将被吸收而注销的一方称为被兼并公司。

企业发展中的收购与兼并、合并等行为具有相同的动机和逻辑，甚至有些程序也是重合的，它们都能够帮助企业扩大经营规模、实现经济增长。比如说，三者都将企业视为商品，实质都是企业的买卖行为；三者都是企业股权的交易形式，都能够实现公司财产关系和股东关系的转移；三者都能够实现企业的对外扩张，提高企业的经济效益；等等。如

果收购标的是目标公司全部的股权，那么这三种行为所达到的效果都是相同的。

当然，收购、兼并、合并三者之间也存在一些区别，因为它们本身仍然属于不同的法律行为。

兼并与合并的区别

（1）实施方法不同。

合并通常有两种法定形式，即吸收合并和新设合并。兼并的实施方法表现为：通过现金购买或证券购买的方式吸收其他公司的资产；通过购买其他公司的股份或股票以拥有其他公司的控制权；向其他公司的股东发行新股票以换取其持有的公司股权，从而获取其他公司的资产和负债。

（2）特点不同。

合并与兼并主要在以下几个特点方面不同：

- 其一，企业法人资格方面，在新设合并中，参与合并的企业的法人均可以在新组建企业中获得法人资格；在吸收合并以及兼并中，参与合并的企业或被兼并方放弃法人资格并转让产权。
- 其二，债务方面，在新设合并中，原企业的债务均归于新组建企业；在吸收合并以及兼并中，依据形式的不同而具有差异，比如吸收股份式兼并被兼并方的所有者与兼并方共同享有按股份分红权利和承担债务义务，购买式兼并中兼并方需对被兼并方的债务进行清偿，承担债务式兼并中兼并企业将被兼并方的债务及整体产权一并吸收。

（3）影响不同。

新设合并与兼并的影响表现出一定差异。通过新设合并而形成的新企业，通常要继承原来其他企业的全部债务，并且原来其他企业的法人资格会消亡。而兼并就是合并中的吸收合并，通过兼并形成的新企业中，原来的其他企业的债务会由原来企业的法人和股东共同偿还，并且同时享受企业分红。

兼并与收购的区别

（1）企业兼并时，被兼并企业会消散，不再具有法人资格；在企业收购中，被收购企业可以部分转让其产权，而且依然可以以法人实体的形式存在。

（2）企业兼并后，兼并企业会拥有被兼并企业的所有权和实际控制权，并且承担其全部的资产、债权债务；在企业收购中，收购企业会拥有被收购企业的股权，成为其新的股东，且承担的企业风险是有限的。

（3）企业兼并出现的原因通常是被兼并企业经营管理不善、资金流转出现阻碍，兼并后需要进行资产重新配置，并改善其生产经营；企业收购时，被收购企业不存在难以维系的经营状况，通常是正常经营模式下进行的收购行为。

但在实践中，兼并、合并和收购之间的区别，在其千丝万缕的联系面前已然微不足道，甚至业界学者通常将三者作为近义词使用，并统称为“并购”，泛指企业为获取其他企业的经营控制权、扩大自身规模、提高经济效益而进行的产权交易活动。

1.3.2 横向兼并的策略与案例

横向兼并（Horizontal Merger）是指两家企业拥有相同或类似的产品和产销模式，为扩大生产规模和市场份额、提高经济效益而进行的同类企业之间的兼并。它有着两个较为明显的效果，一是实现规模经济，二是提高行业集中度。

横向兼并的实施通常存在条件限制，首先实施横向兼并的企业具有扩大自身产品生产和销售规模的需求和能力，其次参与横向兼并的企业双方之间具有相同或类似的产品及其生产、经营和销售模式。横向兼并能够通过行业集中度来扩大市场份额，从而提高市场占有率。

横向兼并既有优点也有缺点：

（1）横向兼并的优点。

由于横向兼并发生在同行业企业之间，企业之间本身具有类似的产品和经营领域，因此在实现横向兼并之后，不仅提高了产品的市场份额，而且在此行业领域减少了一定数量的竞争对手，并使兼并企业取长补短，有效提升生产经营的效率，实现资源的优化配置，弥补了企业发展过程中技术、设备以及企业政策等存在的一些缺陷，大幅提高了企业的竞争力和经济效益。另外，横向兼并提高了行业集中度，企业兼并之后可以消除重复设施，提高社会资源的利用效率，降低企业经营成本，实现社会经济乃至国家经济的低成本高效益发展。

（2）横向兼并的缺点。

横向兼并是一把“双刃剑”，企业横向兼并过程中也暴露出一些缺点。同行业之间的企业兼并在提高行业集中度的同时，也提高了行业的进入壁垒，甚至因为市场竞争的减弱而形成行业垄断。随着全球行业重组热潮的兴起，我国的一些相关政策鼓励企业之间的横向重组，导致我国各行业横向兼并的现象屡见不鲜，各企业都在为实现利润最大化而努力，但真正意义上的利润最大化具有极高的标准，很多企业难以实现。

【案例】青岛啤酒的兼并扩张之路

1903年，青岛啤酒股份有限公司成立，新中国成立之后实际控制权掌握在青岛市国资委手中。自1994年以来，青岛啤酒先后收购了西安汉斯、上海嘉酿、北京五星、北京三环、南宁万泰等众多同行业企业，扩张版图覆盖到全国17个省区市，空前地扩大了企业规模，解决了从前“有品牌，无规模”的状况。兼并后的企业，分散在全国各省区市，带动了其他地区酒水行业的发展，青岛啤酒自身也从区域性中小型企业转变成现代化全国性大型企业。

大规模的扩张帮助青岛啤酒大幅提升了生产能力。《青岛啤酒2021年年度报告》显示，截至2021年，青岛啤酒股份有限公司已在全国20个省区市拥有58家全资和控股的啤酒生产企业。2021年，公司共实现产品销量793万千升，营业收入达到301.7亿元，净利润为31.6亿元。

总体来看，青岛啤酒通过横向兼并行为实现了自身规模的扩张，并为企业发展带来了空前的经济效益，具体表现为：

（1）规模经济。由于啤酒行业的生产设备等固定资产具有较强的专用性，且在企业总资产中的占比较高，对其他啤酒企业进行横向兼并能够有效减少企业的生产成本，实现资源的优化配置，进而形成规模效应。

（2）低成本扩张。横向兼并作为企业扩张的一种形式，既可以帮助企业吸收优质资源，降低扩张成本，又可以减少进入另一地区市场的阻碍，有效提高企业的市场份额，从而提升企业的经济效益，并促进企业向国际化方向迈进。

（3）产业集中。对行业内的小型企业实施兼并，获取并整合其可利用的资金和技术等资源，扩大自身优势，推动啤酒市场规范化发展，改善行业结构。

（4）技术创新和改善产品结构。“二八定律”也存在于我国的啤酒市场中，其中中低档产品占比较大，高档产品占比较少，青岛啤酒在我国啤酒市场中属于中高档产品。我国啤酒市场中，大部分的低端企业生产的产品品质参差不齐，且不同地区、不同消费者对啤酒的需求也不尽相同，因此，有些企业发展前景较为有限。通过企业的横向兼并，行业内这种情况得到了有效改善，大大节省了企业成本，有利于企业的长足发展，这也是青岛啤酒走向成功的关键。

（5）协同效应。青岛啤酒兼并其他小型企业，整合企业间的资源，实现企业之间的优势互补、协同经营，形成兼并双方互惠共赢的局面。

（6）实现地产地销。青岛啤酒在实施企业扩张过程中，不仅开辟了其他地区的市场，而且还在当地布置生产线，扩充分公司，采用“门对门服务”的直供方式，实现产品从“产地销”向“销地产”的转变升级。

1.3.3 纵向兼并的策略与案例

纵向兼并（Vertical Merger）指的是处于同一产品生产链上不同位置的企业之间进行的兼并行为。为有效实现企业间的相互整合，通常施行的纵向兼并也存在一定的基本条件，即兼并双方需要存在产业上的协同关系，并互相了解对方的生产经营状况。

纵向兼并通常有以下两个特点。

（1）兼并后企业之间优势互补，使产品在生产、流通等环节配合得更为密切，有效减少了生产成本，缩短了生产周期，提高了经济效益。

（2）生产成本减少，资源利用率提升，显著提升了兼并后的企业在产业链上的优势，进而提升了企业在行业中的竞争力。例如，紫光集团的电子信息产业链兼并，富士康电子产品产业链兼并等都是较为典型的案例。

【案例】神华集团与国电集团

2017年8月28日，经国务院批准，中国神华集团有限责任公司兼并了中国国电集团公司，重组为“国家能源投资集团有限责任公司”（简称“国能投资集团”）。重组后的国能投资集团资产规模达到1.8万亿元，成为我国继国家电网、中石油和中石化之后的第四大能源央企。

作为一家国有独资公司，神华集团有限责任公司诞生于1995年，是我国规模最大的煤炭企业，也是我国五大发电集团之一，其主营业务包括电力、热力的生产和供应，煤炭、煤制油和煤化工等的开发和销售，以及铁路、港口等设施的投资、建设与运输等。

神华集团是我国一家综合性大型能源企业，在我国火力发电产业链上居于上游，具有重要战略地位。但随着地球资源日益枯竭，环境污染日益严重，我国发电行业中的煤电矛盾也日益突出。

国务院批准神华集团和国电集团兼并重组，为缓解我国煤电矛盾提供了重要的政策支持。兼并重组之后，企业之间的外部矛盾转化为企业内部矛盾，协调起来更加方便，有效减少了企业的沉没成本，实现了企业的协同发展。

纵向兼并使我国的发电行业产业链得到优化升级，不必要的采购成本大幅降低，资源利用率有效提升，促使我国煤炭和电力实现产业融合。另外，我国的风电行业迅速发展且较为领先，不仅可以为国能投资集团提供经验和资源供应，而且也可以双向联合，积极响应国家“一带一路”倡议，带动国家经济增长。

1.3.4 混合兼并的策略与案例

混合兼并（Conglomerate Merger）指的是横向和纵向都不存在联系的企业双方进行的合并，即企业双方既不属于同一行业，在产品和产业链上也互不关联。兼并的目的通常是扩大企业的经营范围，增强企业的应变能力，实现企业的多元化发展。混合兼并的构成条件可以描述为：一个企业将一个与自身产品性质和种类不同，与自身产业链不存在关联的企业作为目标企业而进行的兼并行为。混合兼并较为突出的特点表现为：

（1）追求除主营业务以外的其他领域的利润；

（2）实现企业的多元化经营，分散行业风险。

【案例】阿里巴巴与优酷土豆

阿里巴巴成立于1999年，成立之初，主要是以互联网为主实现产品的销售。2015年11月6日，阿里巴巴与优酷土豆签订了兼并协议，阿里巴巴以每股27.60美元，总计47.7亿美元收购优酷土豆，此项交易成为我国企业混合兼并的典型案例。

2016年4月6日，优酷土豆私有化交易完成，标志着阿里巴巴实现了对优酷土豆的全资收购，优酷土豆成为阿里巴巴集团的一个全资子公司，并正式从美国纽交所退市。自此，打破了我国各行业发展桎梏，带动了各行各业跨界发展的积极性。

随着近几年互联网行业的多元化发展，阿里巴巴不仅重视自身主营业务的发展部署，而且还将眼光投入金融、物流、电商服务、文化传媒等其他领域，打造多元化的互联网发展平台，实现互联网经济跨行业、跨领域发展。现今，各种高新尖端技术如雨后春笋般涌现，更是为互联网企业实现多样化发展提供了契机。

自2012年优酷与土豆合并以来，其发展迎来了春天。合并使企业不仅在核心技术和视频质量上有所提升，而且在客户资源方面得到了极大的扩充，通过大数据等技术捕捉用户的兴趣爱好，整合数据，为客户提供精准服务。阿里巴巴在兼并优酷土豆之后，利用相同的手段，掌握用户数据，提升服务体验，并扩大市场规模，实现经济高效多元发展。

阿里巴巴虽在对优酷土豆实施兼并前就已涉足文化传媒领域，但只是在电影制作、放映和电视播放方面有所成就，还未涉及网络视频播放领域。此次阿里巴巴兼并了优酷土豆，恰好弥补了上述缺陷，轻而易举获取了在线视频资源与用户资源，大大降低了阿里影业在网络视频领域的交易成本，完善了阿里影业娱乐传媒的布局。同时，阿里巴巴通过优酷土豆平台推广自身的业务，在大幅节约广告成本的同时，优酷土豆也得到了核心业务发展的资金，实现互联网与网络视频的一体化经营，促进了企业之间的协同发展。

1.4　企业重组的概念类型与操作程序

1.4.1　企业资产重组概念界定

“资产重组”是企业发展进程中出现的一项新概念，目前在国内并没有一个明确的定义，这是由于资产重组这一概念中“资产”的概念较为泛化，像企业的经济资源、组织资源和人力资源等所有可以为企业所用，并能给企业带来收益的资源都可以归类为资产。通常情况下，人们将资产重组认为是所有上市公司资产重大非经营性或者非正常性变化的总称。

根据《关于上市公司重大购买、出售、置换资产若干问题的通知》（证监公司字〔2001〕105号）（以下简称“105号文”）中的定义，即资产重组是指上市公司购买、出售、置换资产达到下列标准之一的情形：

（1）购买、出售、置换入的资产总额占上市公司最近一个会计年度经审计的合并报表总资产的比例达50%以上；

（2）购买、出售、置换入的资产净额（资产扣除所承担的负债）占上市公司最近一个会计年度经审计的合并报表净资产的比例达50%以上；

（3）购买、出售、置换入的资产在最近一个会计年度所产生的主营业务收入占上市公司最近一个会计年度经审计的合并报表主营业务收入的比例达50%以上。

上市公司在12个月内连续对同一或相关资产分次购买、出售、置换的，以其累计数计算购买、出售、置换的数额。

从资产的重新组合角度进行定义

企业拥有的人、财、物等资源可以概括为企业的资产，是企业赖以生存和发展的经济资源。从这个角度，我们可以将资产重组理解为经济资源的重新组合，这其中包含对人的重新组合、对财的重新组合和对物的重新组合三个方面。但有专家认为，除上述三方面之外，资产重组还应包括市场的重新组合。

从这个定义来讲，资产重组就是企业内部资源的重新组合，延伸理解，企业内部的资源调整、人员变动等都在资产重组范畴之内，但这跟大众普遍认为的“资产重组”存在一定差异，因此，这个定义有一定的弊端，它只注重资产重组的“资产”方面，却忽略了资产重组的“产权”方面。

从业务整合的角度进行定义

从业务整合方面考虑，资产重组可以定义为企业调整并重新整合内外部业务，以追求利益最大化的行为。这个定义在一定程度上诠释了资产重组的目的，但是其概括性较弱，内涵和外延模糊不清，并且，在这层定义中，仍然没有对涉及资产重组的产权方面加以重视和分析。

从资源配置的角度进行定义

从资源配置角度来讲，一部分人认为可以将资产重组与资源配置等同，将资产重组定义为对存量资产的再配置过程。各种存量资源之间因其不同的所有制、产业、地区以及企业等存在与众不同的配置格局，而资产重组正是通过对这种配置格局的调整来提高存量资源的利用率，实现产业结构的优化。有学者认为，资产重组应当涉及微观和宏观两个层面。在微观层面，资产重组表现为企业的重组，包括企业内部产品、资本和组织的结构调整以及企业外部的合并与联盟等。在宏观层面，资产重组体现为产业结构的调整。

这个角度的定义将资产重组与资源配置相提并论。但这种定义仍然存在内涵和外延不明确的问题，并没有凸显资产重组的特色。本书认为，资产重组和资源配置仅仅是方法和结果的关系，通过资产重组的方法，实现资源配置的结果。假设企业的生产由一种产业转移到另一种产业，这个过程其实是资源配置，而不是资产重组。

从产权的角度进行定义

从产权层面来看，资产重组是企业为实现资产增值最大化，围绕产权结构展开的生产要素和资产的重新配置和组合的行为。这个定义着重指出了资产重组中“产权”的层面，但是对不涉及产权的资产重组的形式却没有给予相应的补充说明。一些人将资产重组归类为产权重组的载体和表现形式，但这不免有些片面化。

1.4.2 资产购买及其操作程序

一般情况下，重组行为指的是企业通过对资产和负债的调整，改变自身的资产状况、上市地位和法律地位的行为。因此，重组行为主要涵盖资产的购买、出售和置换的行为。接下来简单分析一下资产购买。

资产购买行为可以按照支付对价的方式分为现金式资产购买和股票换取式资产购买两种。

（1）现金式资产购买。

现金式资产购买是指收购公司使用现金购买目标公司的全部或绝大部分资产，且购买的资产满足“105号文”的要求。现金式资产购买的基本操作流程如图1-15所示。

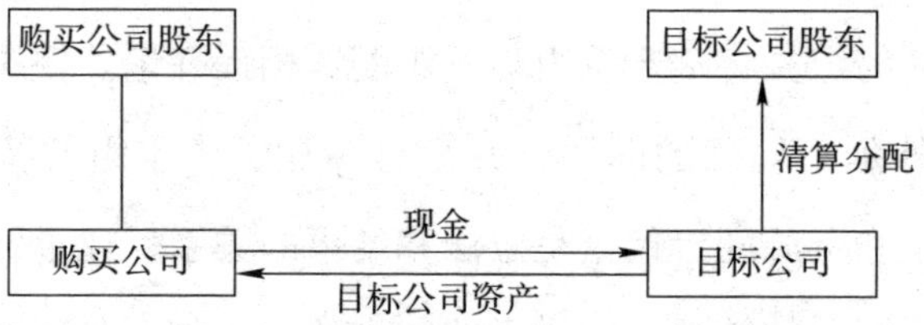

图1-15 现金式资产购买的基本操作流程

在交易的第一步，购买公司向目标公司支付现金，目标公司将资产转移给购买公司，这一步中，购买公司为了抵补现金出价行为，可能会承担目标公司的一部分债务，但这并非必然。购买公司和目标公司的法律地位以及双方对外发行的股份都不会发生变化。在交易的第二步中，会有两种情况产生，一种是目标公司解散，另一种是目标公司继续存续，如表1-7所示。

表 1–7　现金式资产购买可能出现的两种交易状况

交易状况	具体内容
目标公司解散	如果目标公司是上市公司，那么其股票会停止上市，公司也会适时注销。在进行资产清算时，目标公司在自己承担的债务部分偿清后，将剩余的资产和购买公司支付的现金分配给自己的股东。这种情况是大多数资产收购行为的最终结果
目标公司继续存续	这种情况是目标公司没有将公司进行清算，而是将现金作为周转资金继续投入公司的运营中。由于目标公司在交易中得到了现金补偿，那么，不管目标公司有没有进行清算，不管是对目标公司而言还是对股东个人而言，这一部分现金收益在税法上应当构成应税事项，目标公司或股东个人都应当按照正常的税务流程向税务机关缴纳相应的公司所得税或者个人所得税

（2）股票换取式资产购买。

股票换取式资产购买是指购买公司使用股票换取目标公司全部或绝大部分资产，且购买的资产满足“105号文”的要求。股票换取式资产购买的基本操作流程如图1–16所示。

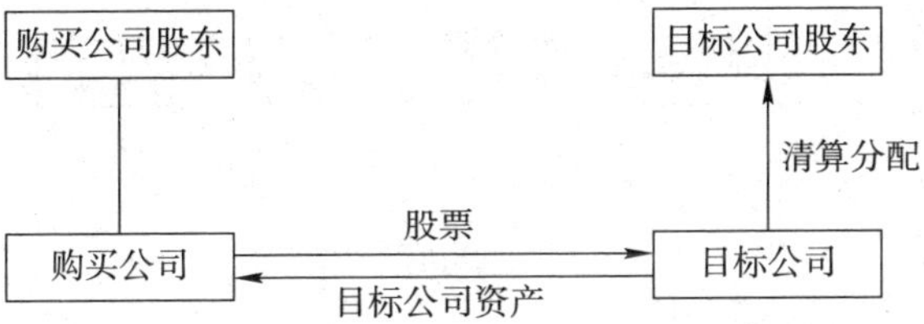

图 1–16　股票换取式资产购买的基本操作流程

我们先假设交易情况是购买公司会购买目标公司的全部资产和所有债务，在交易开始时，购买公司使用普通股购买目标公司的资产，过程中不存在现金交易。购买公司将股票作为补偿支付给目标公司，随后，目标公司会进行内部的清算行为，并将收到的股票分配给原股东。

交易中目标公司得到的是购买公司支付的股票补偿，这种方式只是股权的转移，在税法上属于免税事项，因此，该交易行为属于免税交易。免税交易可以在股票中保留所获得的收益，帮助股东避免了重复纳税的问题。

1.4.3 资产出售及其操作程序

资产出售是指公司将全部或实质全部的资产出售给其他公司，以换取现金、股票或其他有价证券的交易行为。

资产出售是企业收缩战略中最为简单易行的方式。公司将本身利用价值较小的资产或业务单元进行出售，可以将资金回流投入企业其他项目中，以获取更高的资产效益，或者以发放清算性股利的方式以及股份回购的方式，将所得的资金补偿回馈给股东。资产出售的基本操作流程如图1–17所示。

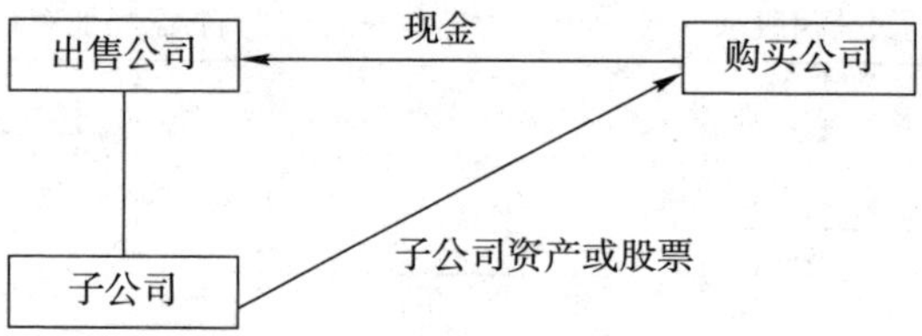

图1–17 资产出售的基本操作流程

图1–17所展示的交易行为中，出售公司将子公司的资产或股票出售给购买公司，其子公司将会被注销和剥离；购买公司向出售公司支付现金补偿，并将资产所得融入本公司。

一般情况下，资产出售包含以下几个步骤：

- 拟定出售方案。资产出售的法定程序是，先由公司董事会拟定相应的资产出售方案，然后公司的股东大会再根据出售方案进行研讨，并作出决议。
- 清产核资和财务审计。出售公司在作出决议后，对公司一系列的资产和负债进行仔细且全面的清查，并按规定将相关的一切财务会计资料和文件递交给会计师事务所或政府的审计部门进行财务的审计。
- 评估资产价值。出售公司委托评估机构对其固定资产、无形资产以及其他财产进行评价和估算，并取得资产评估结果报告书。出售方和收购方会据此确定资产出售的价格并进行交易。资产评估环节是资产出售过程的重中之重。
- 发布信息，初步确定收购方。通常情况下，出售方会与拟收购方进行直接协商，确定是否要进行下一步的交易行为。需要特别说明的是，出售方要注意提前审查拟收购方的资信情况。当然，这一步骤也可以通过产权交易市场来实现。
- 合同内容确定后，出售方与收购方签署交易协议。
- 资产出售协议履行后，出售方和收购方会依法进行产权变更登记、税务变更登记以及工商变更登记的办理。如果出售公司就此解散，还需要进行注销登记的办理。

资产出售的程序一般都较为繁杂，以上只是大部分情况下的资产出售程序，在实际应用当中，还需要针对企业性质、投资主体等进行具体分析。

1.4.4　资产置换及其操作程序

资产置换在上市公司中较为常见，指的是上市公司的控股公司利用优质资产或现金，将公司的不良资产进行替换的行为。资产置换的基本操作流程如图1–18所示。

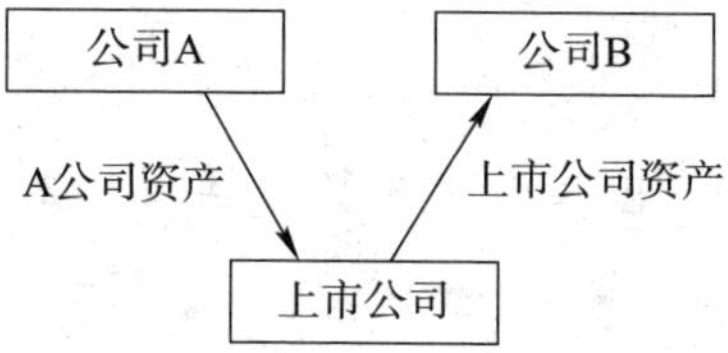

图1–18　资产置换的基本操作流程

图1–18显示，上市公司将己方的呆滞资产出售给公司B，同时从公司A购进优质资产。通常，当上市公司的经营情况遇到瓶颈期或公司准备战略转型时才会进行公司的资产置换，这样可以及时改善公司的资产结构，进而提升公司的综合竞争实力，以实现更好的发展。

资产置换一般有以下两种方式：

先进行资产置换后转让控股股权

这种方式要求公司要遵循《公司法》和《证券法》等的相关条款，上市公司还需要遵循“105号文”，在法律范围内进行资产置换，然后再将收到的资产转让给原控股股东，从而取得控股股权。

先转让控股股权后进行资产置换

这种方式下的资产置换是公司先依法进行控股股权的转让，原控股股东利用转让股权所得的对价，收购重组方在完成资产置换后置出的原上市公司的资产，同时会进行控股股权和资产的置出入行为。

依照法规，重组方必须与原方和上市公司之间签订三方协议，重组方将优质资产置入上市公司就会产生债权，协议中须要求重组方利用此项债权置换原控股方的控股权，此时该项债权转移到原控股方手中，原控股方再将此债权与上市公司的原资产和原主业进行置换，以消除三方的债权债务关系。

或者反其道而行之：上市公司先将资产出售给原控股方，形成对原控股方的债权，然后利用此项债权置换重组方的优质资产，并将优质资产和主营业务资产纳入进来，这时，原控股方的债权便从上市公司转移给了重组方，重组方再利用此项债权与原控股方进行置换，取得原控股方对上市公司的控股权，消除三方之间的债权债务关系。

依照《公司法》《证券法》和“105号文”的相关规定，重大资产置换要遵循以下程序和法律要求：有利于上市公司可持续发展和全体股东利益的原则；与实际控制人及其关联人之间不存在同业竞争；保证上市公司与实际控制人及其关联人之间人员独立、资产完整、财务独立；上市公司应具有独立经营能力，在采购、生产、销售、知识产权等方面能够保持独立。

上市公司在完成重大资产置换行为之后，需符合以下要求：置换完成后，公司仍具备上市条件；公司仍具有持续经营能力；置换涉及的资产产权清晰，不存在债权债务纠纷情况；置换过程中，不存在明显损害上市公司和全体股东利益的其他情形。

第2章　实务操作

2.1　并购重组的操作程序与实战方略

2.1.1　Step 1：确立并购目标

企业如果决定发起并购，必须制定一个详细、完整、科学的并购计划，涵盖战略评估、业务整合、支付手段、风险防范对策、交易结构、支付节奏、并购后的经营模式、整合策略等诸多内容。

并购计划的信息来源包括战略规划目标、由董事会和高管人员提出的并购建议、深入研究行业和市场后找出的并购时机、目标企业的要求。在搜寻目标企业时应提前做好调研工作，选择有较大优势互补可能性、良好的投资环境、较高的利用价值且符合战略规划要求的目标企业。

企业要充分发挥财务顾问、投资银行等中介机构的作用，针对自身资产、行业状况、经营状况以及发展战略进行分析，策划出适用于自身的并购战略。并购战略中需要包含并购目标的特征模式、企业并购需求分析、并购方向的选择以及并购安排等多项要素。

公司应设立包括法律顾问、技术人员、财务部和战略部等人员和部门的项目小组，确定相关负责人，并安排战略部对目标企业进行可行性分析并作出报告。可行性分析的内容主要包括内部能力分析、外部环境分析（竞争环境、政策环境、经营环境）、政策法规分析、经济效益分析、并购双方的优劣势分析、风险防范及预测、目标企业的主管部门及当地政府的态度分析。企业还要安排财务人员进行效益分析，安排法律顾问进行与政策法规、法律相关的分析，并依据分析结果给出合理建议。

并购企业通常以直接找出并与之沟通、利用产权交易市场和中介机构、在证券市场上搜寻等方式确定被并购企业。

企业实施并购的第一步是确定企业战略发展目标。并购企业需要调查自身的采购、生产、销售、储运、组织结构、会计核算、财务管理、主要业务（产品）、母子公司关系等经济业务，根据调查结果规划出企业目前和未来3~5年的扩张战略、系统功能、经济效益等目标。

并购企业要继续探索自己目前已有一定了解的企业，确定并把握优质的目标和项目，充分利用自身资源来获取目标企业的相关资料，并对这些资料和信息进行深入分析，通过积极与目标企业进行及时的沟通来发现其潜在需求。当找出并购重组将会对目标企业产生的积极影响时，并购企业就可以向企业决策层提交并购项目建议书。

并购项目建议书必须对目标企业和并购项目进行全面且充分的分析，其中包括对目标企业经营状况的真实评价和发展前景的科学预测、并购项目的并购价值和财务分析等诸多内容。当企业决策层认可并支持该并购项目时，就能够基于预先准备的资料和信息推动项目进度，通过委托银行、投资中介、产权交易所来完成签订财务顾问协议等工作，确定双方的权利和义务，从而开始后续工作。

若要确定目标企业，首先要对它的过去、现状和未来有全面清晰的把握，通过与企业内的管理人员、普通员工和企业外的相关人员进行交流，了解他们对企业的情感因素，获取他们对此并购项目的需求、期望值以及意见与建议，并对这些在交流中获得的重要信息进行深入分析，进而找到调研的关键点。

其次，要基于调研的关键点列出调研计划和提纲，将调研的策略、对象、核心问题等落实下来。调研计划和提纲是否得当往往对调研结果有着直接且重要的影响，若策略不妥当，可能会造成被调研者对调研出现不信任心理，难以获取真实的信息资料；若对象不恰当，可能无法获取全面深入的信息；若核心问题不得当，可能无法抓住问题的重点，难以取得良好的调研效果。

最后，还可以针对负责此次并购工作的人员进行关于并购业务、财务方面的培训，有条件的企业还可组织相关人员与被并购企业就企业并购的目的和意义等问题进行交流，并积极讲解调研提纲，安排实施调研计划中的各项工作，全面推进系统化执行调研工作任务。

并购目标可以定为企业的资产或股权，并且既可以选择其中一部分，也可以选择全部。调查工作和选取目标之间是互相影响的，目标企业的产品、技术、价值、股权结构、市场前景、经营情况、决策层意见、风险和对策、内外部环境、相关政策法规等都是调查工作中的重要内容。

一般来说，并购企业进行调查工作一方面是为了大量搜集关于目标企业的真实信息，辅助决策层作出最佳决议，另一方面是为了初步分析自身是否拥有实施此次并购的能力。并购企业的调查工作非常烦琐，既要全面深入调查目标企业的国内外发展情况，也要全方位分析目标企业的未来发展前景，遵照审慎原则合理推测企业实施并购行为后可能产生的收益、负债以及企业的经营前景和现金流量等，并评估并购项目的可行性，将调查过程中获取的资料信息以及分析结果作为后续并购融资时的决策依据。

企业并购的调查工作主要包括以下几项：调查目标企业的生产流程、经营模式、管理模式、财务状况和寻求并购的目的；调查各个业务线上的企业管理层；调查目标企业中各个部门的主要业务、部门职责、管理流程、并购需求、当前的问题、解决问题的方式等，根据调查到的信息绘制归纳出目标企业的组织结构和管理业务流程；将调查中得到的信息资料和分析结果进行整合，提交给企业决策层。随着并购项目通过决议，并购目标初步确立。

并购项目建议书、并购方案设计、并购项目初步可行性分析都属于并购初期的书面化方案，并且都需要基于对调研结果的深度分析找到目标企业当前的问题和形成问题的原因。其中，目标企业的财务状况、管理现状、当前问题、问题成因、对并购的需求，并购企业的战略目标、扩张空间、扩张计划、资金预算、方案计划、效益分析和风险评估等都要在并购方案中详细注明。

并购企业在遵循成本效益原则的基础上按照项目进度以多种方式为制定并购方案提供便利，既可以邀请企业外的专家评定方案是否适用，也可以组织企业内的专业人员进行研讨，有可能的话，还可以邀请对目标企业中的一切具有最真实的切身感受的目标企业中的决策层和管理层人员参与研讨分析，他们也可能成为后续并购活动中的协同工作人员，往往能发现并购方案中的问题并给出实际性的建议。重要的是，双方要在方案确定之前进行沟通交流并达成一致意见，最终确定方案时也需要并购方参考被并购方的意见多次对方案进行优化。

2.1.2　Step 2：提交并购方案

并购企业在确定目标企业、并购目的和并购意向后要设计并购方案，并将方案提交给有关部门，由有关部门向被并购企业的债权人、债务人、合同关系人公布并购信息。

并购企业在设计并购方案时要注意在降本增效的基础上强化并购方资产的盈利性、流动性及增值能力，还要将债务处置、信息披露、员工安置、目标交易价格、选用的并购方式、并购资金来源策划等诸多内容包括在内。

在我国，大部分企业通常选择用现金或其他资产购入股权，这也是证券市场不断发展后逐渐主流化的一种并购方式。由于利用现金支付操作起来比较容易，便于快速完成并购活动，非流通股尤其是国有股转让必须经过国有资产管理部门的批准，而采用现金支付的方式更容易通过审批，因此国内大部分上市公司都倾向于用现金购买非流通股的方式来并购，这使得上市公司大部分股份是非流通股。

当现金支付成为主流时，必须加倍重视并购资金的来源，一般情况下，并购企业自有的资金、贷款、股权融资、债券融资等都是其提供并购资金的渠道。

财务部门在并购活动中主要担任将股权筹资或并购贷款的要求告知并购企业的决策人员，确定企业资本结构，明确筹资额度、贷款额度和贷款期限，设计贷款担保方案，拟定融资方案，撰写申请融资的相关文件，申请贷款，推动贷款的审批进度，筹划还款资金来源等多项工作。

除此之外，企业还要处理好实际操作中遇到的问题和带来的影响，比如在社会责任上，要处理债权债务、安排员工去向等问题；在政策优惠上，要留意税收优惠、银行贷款停息挂账等信息；在计划安排上，要预先考虑相关组织和部门的承诺、风险应急策略、组织安排、时间规划等细节；在并购进度上，还不能忽视并购活动带来的股价波动。

2.1.3　Step 3：发出并购意向

一般情况下，企业并购的流程包括发出并购意向书、核查资料、双方谈判、达成一致并同意并购、签订并购合同和完成并购等环节。下面我们首先对并购意向书进行简单分析。

虽然法律并未规定企业必须向被并购企业出具并购意向书，但在并购活动中并购意向书的作用是不可小觑的。

首先，企业发出并购意向书不仅能向被并购企业透露并购意向，还能展示自身的并购态度。在大多数情况下，公司并购都是在经过双方谈判、协商并同意后的善意并购。当被并购方不接受或坚决抵抗并购时，可能会存在敌意收购，在这种情况下并购并不会发生。

一般来说，收购方会通过发出并购意向书来试探被并购方的反应，当被并购方接受并购时，并购方将会继续推动并购的后续流程，当被并购方不接受并购时，并购方通常选择继续协商或取消并购。意向书可以帮助并购方在实施并购计划之前确定被并购方的态度，节省时间、精力和金钱。

其次，意向书清晰地标明了并购的主要条件，便于被并购方将是否接受并购以及需要修改意向书中的哪些条款等问题反馈给并购方，有助于正式并购的顺利实施。

再次，被并购方可以将并购意向书直接交由董事会或股东会进行讨论，作出决议，节省了沟通成本。

最后，意向书中标明了保密条款，不管最终是否成功并购，并购方都要严格保守所知信息和机密。

综上所述，并购方在并购初期向被并购方发出意向书已经成为企业并购流程中的常规步骤。通常而言，意向书是没有法律约束力的，但明确注明的保密条款或排他性交易相关条款是具有法律效力的。通常一份并购意向书条款内容构成如表2–1所示。

表 2–1　并购意向书的主要条款

主要条款	具体内容
收购标的	被购入或卖出的股份或资产、不包含在收购范围内的项目（资产或负债）、不受任何担保物权的约束
对价	交易价格（具体价格或价格范围、价格基础）、支付方式（现金、股票、债券等）、付款期限（留存基金的支付期限等）
时间表	合同交换时间、收购完成时间，部分情况下还会注明合同交换与收购完成之间的计划
先决条件	适当谨慎程序、董事会决议通过的文件、股东决议通过的文件、税款清结、特别合同和许可，以及法律要求的政府相关主管部门的审批，在这一点上国内外的并购活动会有较大差别
限制性的保证	不起诉条款、未完成收购的情况下的终止条款、保密条款（保密对象、保密事项、资料的返还或销毁）

续表

主要条款	具体内容
雇员问题和退休金	转让价格的计算基础、与主要行政人员签订的服务合同，以及是否继续雇用原企业员工
限制公告条款	未经双方同意不得作出相关公告
费用分摊条款	收购过程中产生的费用由双方各自承担
法律约束力相关条款	除排他协商条款和保密条款外，其余各项条款均不具备法律约束力

实际并购时，有些公司会跳过发出并购意向书这一步，选择删繁就简，直接口头与目标公司沟通洽谈。当企业选取的目标企业是国营企业时，必须获取国有资产管理局或国有资产管理办公室的书面批准才能实施并购。

2.1.4　Step 4：并购资产评估

企业应基于并购目的和并购意向确立资产评估的目标。在企业并购过程中，必须由专业的资产评估机构按照国家相关规定对目标企业的整体资产进行评估，由此得出资产转让的价值。不仅如此，为妥善处理债务合同，并购企业也要全方位迅速核实清算自身的债权、债务、合同关系。

并购的最终交易价格都是基于资产评估的结果来确定的，企业会依据交易价格的高低选取不同的并购形式。如果并购企业需要贷款完成并购，那么交易价格将对贷款额度起到决定性作用。

如果并购企业用股权并购，那么交易价格一般是随着每股净资产的变化而变化的。现在许多上市公司在公布股权转让信息时会直接注明股权价格，转让的每股股票的价格平均数与平均每股净资产大致相同，有时会以低于每股净资产的价格转让股权，有时也会高价卖出。因此，目前上市公司在进行股权交易时还有较大的价格空间，企业要站在双方获利的角度基于自身支付能力向管理人员和决策人员提出合理的价格建议。

在并购形式上，企业可选择的资产评估方法也是多种多样的，根据《国有资产评估管理办法》，“国有资产评估方法包括：收益现值法、重置成本法、现行市价法、清算价格法、国务院国有资产管理主管行政部门规定的其他评估方法”。根据《关于企业兼并收购的暂行办法》，“被兼并方企业资产的评估作价可以采取以下3种办法：重置成本法、市场法、收入法，这3种办法可以互相检验，亦可单独使用”。企业要权衡利弊选取能够获取最大利益的估价方法，并据此给出合理的价格建议。

通常来说，并购企业应该针对并购活动专门设立并购项目工作小组，小组的负责人和成员必须对并购和相关财务业务、企业人事、公共关系等有全面深入的了解。除此之外，企业还应组建起一支优秀的团队用于以后整合企业。

企业应对实施并购项目所需的资金做到心中有数。并购项目在实施时通常需要时间集中的大额投资，在并购基本完成需要对被并购企业进行重新规划时，也需要大量资金投入。因此，企业必须对并购项目所需资金作出预算，并在决策层审批通过后积极完成相关资金的筹备工作。

2.1.5 Step 5：开展尽调谈判

在被并购方接受并购后，并购方为了进一步落实交易价格等问题要再度深度调查和核实被并购方的资产状况，包括土地权属是否合法、数额是否正确、雇员情况、税收情况、诉讼情况、债权债务情况、抵押担保情况以及当公司被并购时章程合同中存在哪些变更条款（价款、抵押担保、认股权证等关于证券的权利等）。

如果并购交易的规模比较大，为了降低并购风险，并购企业要对目标企业开展全面、彻底、详尽的尽职调查，调查内容要涵盖目标企业的组织架构、财务状况、产业背景、人事状况、企业的合法性等方面。具体来看，并购企业对目标企业的尽职调查要重点关注以下内容：

（1）目标公司的主体资格及获得的批准和授权情况。

首先，尽职调查人员要了解目标公司的股东情况，包括股东数量、各股东所持股份比例等，尤其要明确目标公司的合法性，是否具备合法的身份参与并购；其次，尽职调查人员要了解目标公司是否具备合法资格从事营业执照所确定的特定行业或者经营项目；最后，尽职调查人员要了解目标公司是否获得了应有的批准和授权来开展此次并购活动。

（2）目标公司的性质。

尽职调查人员要了解目标公司的性质，判断目标公司是有限责任公司、股份有限公司，还是合伙制企业、外商投资企业。目标公司的性质不同，适用的并购方案也不同。

（3）目标公司重要的合同与法律文件。

在尽职调查的过程中，尽职调查人员要审查目标公司重要的合同与法律文件。在审查合同的过程中，尽职调查人员要重点关注目标公司需承担的责任与义务、违约责任、合同的终止条件、合同的有效期等；在审查法律文件时，尽职调查人员要重点关注目标公司与附属机构、合作公司签署的书面协议、保证书、备忘录等。

（4）目标公司的资产状况。

尽职调查人员要审查目标公司的资产状况，包括动产、不动产、知识产权、知识产权的证明材料、大笔应收账款和应付账款等。目标公司的资产状况调查非常重要，因为资产状况会直接影响并购价格，因此并购企业必须做好对目标公司的资产状况调查，如有必要，在合同签订之后还可以进一步调查。

（5）目标公司的人力资源状况。

尽职调查人员要审查目标公司的人力资源状况，包括主要管理人员、核心技术人员、员工福利政策、工会情况、劳资关系等。

尽职调查往往需要耗费大量的时间、人力与物力。并购企业要基于尽职调查结果设计并购方案。并购方案至少要包括以下内容：准确评估目标公司的价值；确定合适的并购模式与并购交易方式；选择最佳的财务方式；科学设计并购议程。

在同意并购、核查资料后，双方将进入谈判阶段。在并购活动中，首先由法律顾问起草正式主合同文本，再由并购双方据主合同文本进行谈判和协商，在双方达成一致后交由总裁根据公司审批权限进行批准，最后交易双方完成签约并向相关人员和部门递交并购信息和资料。

谈判的主要内容包括并购形式（收购股权、资产，还是公司）、交易价格、支付方式、支付期限、人员安排、交接时间、交接方式、并购计划安排、相关手续办理、双方负责的工作与义务等重要问题。这些问题在经过细化落实后将在合同条款中详细注明，生成最终待批准签订的并购合同文本。

除国有企业的交易价格是为增值或保值而必须经过机构评估才能确

定外，其他类型企业的交易价格都是并购双方在市场价格的基础上相互协商确定的，最终以双方都可接受的交易价格为准。

企业并购有多种支付方式，一般包括现金支付、股票换股、以股票换取资产、不支付现金而为被并购方承担全部债权债务等。在支付期限上分为在接管时付清款项和先接管再分期付款两种操作方式。

2.1.6 Step 6：达成并购协议

在结束谈判并拟定合同文本后，并购将进入决议阶段。如果并购双方对并购方案、并购价格等无异议，那么将会通过签订正式的并购协议书来对双方的权利和义务作出明确规定。

并购方可能会在并购方案提交后就并购形式、交易价格等问题与目标公司继续协商，有时也会邀请产权交易所等中介机构作为双方代表来完成关于并购中的一些实际问题的协商。在协商过程中，双方通常会继续并购方案中的计划安排，推动签约进程，避免此次并购项目因协商中出现的一些小问题而停滞甚至取消。

当协商颇有成效时，双方会以更加灵活的方式沟通，根据实际情况对方案中不够合理的地方进行修正，力求获得最好的并购成果。不仅如此，邀请商业银行作为财务顾问也是一种促进并购进程更好的方式，企业可以将其对实现并购后的债务安排方面给出的建议作为日后相关工作的参考，这也对并购的顺利实施有一定的推动作用。除此之外，企业也要协调好与政府主管部门之间的关系。

并购双方需要依法召开董事会对以下内容进行决议：被并购公司的命名、并购后的公司章程、章程更改说明、并购的条款和条件以及与此次并购相关的其他条款。

董事会需要在完成决议后向股东大会上交决议结果，以待批准。如果被并购公司属于股份公司，那么有超过三分之二出席会议的股东表决同意就表示批准决议。如果被并购公司属于私人企业或外商投资企业，那么企业董事会只需符合其他企业章程规定的相关要求就可批准此决议。如果被并购企业属于集体企业，那么决议就需要经职工代表大会同意才可批准。

决议被批准后，并购双方会安排代表签订并购合同，并在约定的时间完成交易。不管什么时间完成交易，只要双方签署的合同已生效，并购方就可合法接管并持有目标公司。

若要使合同生效就必须满足合同中内附的生效条件要求。除此之外，目标企业的企业性质不同，合同生效的条件也会存在差异，若是私人企业或股份制企业，合同生效只需对合同签署盖章；若是国有小型企业，合同生效不仅要经过签署盖章，还必须经过其上一级人民政府的审核批准；若是外商投资企业，合同生效需要通过原审批外商投资企业的单位的批准；若是集体企业，合同生效则须经过原审批机关的批准。

在合同生效后，并购将进入交换环节，也就是并购方将原定的并购费用一次性或分期支付给被并购方，被并购方将目标公司的全部财产及相关账表交给并购方。会上，被并购方的董事会需要对股份证书和目标公司转卖文件进行批准、登记和盖戳，并将公司的法定文件、权利证书、注册证书、其他动产相关文件以及债券委托书、公司章程细则等所有可能需要的文件在审核后移交给并购方。

并购方要做的工作不仅是接收目标公司的资产，还要重新建立目标公司的董事会及经理机构，组织安排公司原有职工，可能还要通知被并购方的顾客、合作伙伴（供应商和代理商等）并更新合同。除此之外，并购方还必须去工商管理部门办理法人代表变更、股东变更等变更登记手续。并购方只有在将以上全部工作完成后才算基本完成此次企业并购。

2.1.7　Step 7：办理交接手续

随着企业并购活动的完成，企业的法人资格也会改变。在协议生效后，并购双方需要去有关部门办理房产变更、企业注销、企业登记、土地使用权转让等手续。在交接并购资产阶段，并购双方处理移交手续、验收、签字、造册、入账等一系列工作都必须有国有资产管理部门（国有企业）、银行等相关部门监督，按照协议清算并处理被并购方的债权、债务，在调整账户后更换合同和债据等相关文件。

产权交接

产权交接环节必须有国有资产管理局和银行等部门的监督，双方根据协议完成移交手续的办理并对资产进行验收、登记造册、签证、入账，有时还需清算被并购方的债权债务问题，并根据这些问题调整账户、变更债据，最终完成资产移交。

财务交接

并购双方应考虑因并购出现的各种法律后果，并据此调整财务报表。当出现主体资格因并购而消失的情况时，就要更稳妥地管理被收购企业的财务账册，收购方的财务账册也需随之调整。

管理权的移交

并购双方在签署并购协议时需要就企业管理问题达成一致并完成管理权交接工作。企业被并购后，若不变更管理方式和管理人员，企业仍旧按原有方式运作，那么管理权的移交则只需对外公布；但若要重组管理班子或改换管理方式，那么就需要重新安排原管理人员和新管理人员的工作岗位、分派管理工作，移交管理权的过程也就更加复杂。

变更登记

一般来说，当出现主体资格因并购而改变的情况时，存续公司、新设公司、解散公司都要根据公司状况各自进行登记。如果不在政府有关部门完成变更、注册或解散登记，那么这次兼并就是不具备法律效力的。因兼并而解散的公司在经过登记后将不再拥有公司的任何资产和债务，这些资产和债务都归存续公司或新设公司所有。

发布并购公告

并购双方可以借助有关机关或以登报等方式对外公布此次兼并活动，使社会各方知悉，并对公司业务作出新的安排。

2.1.8 Step 8：并购整合工作

并购活动对企业的文化、结构、组织系统和发展战略等都可能产生重要影响。并购双方的企业员工，特别是被收购方的留任员工可能迫切地想要知晓并购的内幕并为此惶惶不安，因此，收购方必须在结束并购时快速整合，使企业生产尽快步入正轨，以此让各方人员能够安心工作。

除此之外，企业还需尽快决定与下岗、重组、关键职位、组织结构、报告关系等相关的其他方面的问题，在制订好具体方案后按部就班地宣布、执行。如果长时间地拖延这些工作的安排和实施或频繁变更计划，必然会加重被收购方管理人员和员工的焦虑，进而对公司的运营产生消极影响。

并购整合的主要内容

具体而言，并购整合工作主要包括以下几点内容：

（1）人力资源整合。

人力资源整合要坚持“稳定人心，留住人才”的理念，进行必要的人事调整与薪酬制度改革，但不能引起恐慌，具体内容如表2–2所示。

表 2–2　人力资源整合的两大层面

层面	具体内容
管理层整合	管理层整合指的是对重点岗位的管理人员进行整合，包括财务部门、技术部门、人力资源部门的经理、总监等
企业员工整合	由于并购双方的企业文化、规章制度存在较大差异，所以在并购初期，目标企业的员工会产生比较严重的抵触情绪，给并购整合、公司运转造成不良影响。为了稳定目标企业员工的情绪，并购企业需要对基层员工进行妥善安置，并制定一些激励措施，切实提高基层员工工作的积极性与主动性

除上述内容外，还要关注福利政策、绩效考核、员工持股计划、薪酬制度、薪酬计划等内容，要做好这些方面的整合。

（2）企业文化整合。

每家企业都有独特的企业文化，企业并购之后要对企业文化进行整合。并购企业要将自己的企业文化与目标企业的企业文化进行对比，找出相同之处与不同之处，要特别关注矛盾点，根据矛盾点对企业文化进行优化整合。

（3）经营环境整合。

经营环境指的是企业与当地政府部门及相关管理部门的关系，企业与周边单位及居民的关系。并购完成之后，并购企业要对目标企业的经营环境进行整合，维护优质关系，摒弃不良关系。

（4）管理体制与制度整合。

管理体制与制度整合主要表现在两个方面，如表2–3所示。

表 2–3 管理体制与制度整合的两大层面

层面	具体内容
组织机构整合	并购完成后，企业要重新设置各个部门与岗位，重新规划岗位职责与人数
规章制度整合	并购完成后，并购企业要将自己的内部控制制度与目标企业的内部控制制度进行整合；要对内部文件审核会签制度、固定资产管理制度、经济合同管理制度、投资管理制度、物资管理制度、公章使用管理办法等规章制度进行整合

（5）经营管理整合。

经营管理整合主要表现在三个层面，如表2–4所示。

表 2–4 经营管理整合的三大层面

层面	具体内容
财务管理整合	并购企业与目标企业要对预算管理体制进行整合，统一成本管理与费用控制制度，对各项资金进行整合
资产整合	并购企业与目标企业不仅要对设备、厂房、土地等有形资产进行整合，还要对技术、专利、土地使用权等无形资产进行整合
市场资源整合	市场资源包括客户资源、销售渠道、采购渠道、企业品牌与价格体系、应收账款与应付账款等

并购整合的沟通工作

不管是收购方与被收购方之间，还是收购方企业内部，都应该进行良好的沟通，以此来确保并购过程中交接和过渡工作能够顺利进行。

（1）收购方与被收购方之间的沟通。

收购方应积极以会议座谈、一对一谈话等方式与被收购方的管理人员、普通员工及下属公司员工等雇员进行沟通，深入了解被收购方的实时动态信息，稳定企业的业务，营造良好的经营秩序。良好的沟通还能让被收购方人员更加看好企业今后的发展，也更加信任和尊重收购方，帮助收购方度过相对艰难的并购初期。

（2）收购方企业内部的沟通。

收购方内部各部门和人员也需要对收购工作中的问题进行有效沟通。通常情况下，企业衡量保密、稳定等各方因素，在设置谈判小组时只让企业高层、部门主管、外部顾问等极少数人员参与，但收购后的整合工作往往需要由其他人员来完成，也就是说，签订收购协议和谈判是谈判小组的任务，收购后的整合工作则属于执行小组。

一方面，由于谈判小组通常从战略方面进行思考和工作，执行小组则是从实际操作方面开展工作，且负责的工作更加繁杂，因此执行小组对谈判工作中的内容和被收购企业的理解也可能不够深刻或存在偏差；另一方面，谈判和执行的工作之间不具备人员的重复性、连续性，这两个阶段的工作人员之间可能会出现误解甚至冲突，而充分的沟通能够使以上这些问题得到有效解决。

此外，沟通时要以诚待人。收购方要真诚地向被收购方表达并购意愿、并购计划以及对企业的未来规划等。

2.2 并购重组的交易结构与运作模式

2.2.1 购买企业或资产

实务中的企业并购分为收购企业和购买企业资产两种。在法律层面上，收购企业和购买企业资产是两个截然不同的概念，在财务、税务和操作程序方面，二者也存在很大的差别。

法律层面

购买企业是购买整个企业或整个公司。在企业或公司中，法人既有法人财产，也有各项契约中包含的责任和权利，因此，并购企业时购买的不仅是法人在企业的财产产权，也有相关契约中规定的权利和责任。而购买资产通常只包括企业的专有技术、工业产权、固定资产、营销网点、经营许可等。在购买资产时，要对契约的转让进行严格的筛选，如果遇到可能会引起法律纠纷或涉及诉讼的企业合同或契约，则应放弃购买企业转而购买资产。为有效规避与原公司相关的法律诉讼，可在购买资产后重新注册一家公司。

税务层面

购买企业和购买资产的差别主要体现在印花税和所得税上。如果购买企业，从原则上来说，可以在企业之前的利润和亏损相抵之后，以仍旧超出的部分利润为基数进行缴税，降低在所得税方面的支出。在国内，在购买企业保留法人地位的条件下，企业先前的累计亏损需要用之后的经营利润来填补，而不能用企业原本的利润来填补，这样收购企业并不能获得减少所得税的优惠。在国外，购买企业的印花税税率很低，大约是价格的0.5%，而购买资产的印花税税率则高达5%~6%；在国内，购买企业和购买资产都属于产权转移，需按所载金额的万分之五缴纳印花税。将来再次出售该企业或资产时，需要缴纳一定额度的增值税，在这一点上，国内外并无太大差别。

在我国，企业增值的部分在产权转让过程中产生的净利润或净亏损都会被算进应纳税所得额中进行收税。除此之外，购买企业应按照原企业账面的净资产来确定计提基数，因此，企业的原始价值的变化也会影响税务；而购买资产则需按照最终的成交价格来重新核定折旧基数。

操作程序方面

从流动资产的处置角度来看，购买企业一般包含库存、原料、产成品、应收账款、应付账款等流动资产。购买资产是不包含流动资产在内的，但所购资产与生产过程之间联系密切，因此，买卖双方往往采用签订委托代理协议的方式，让买方替卖方处理应收库存并收取一定额度的手续费，或收取加工费，采用来料加工的方式处理卖方的原材料。

最后，从总体上来看，购买资产的流程和手续比较简单，而购买企业则需要花费许多时间和费用去考虑并解决大量的财务、税务和法律问题。在我国当前的企业并购活动中，这两种交易结构并没有很大差别，许多买方在只看好卖方的一部分资产的情况下就对整个企业进行了收购。

2.2.2　购买企业股份

在发达商品经济中，买方常常采用购买股份的方式来收购企业，买方要想获得企业的股权，既可以采用购买股东股份的方式，也可以采用购买企业新发行的股份的方式。对买方来说，这两种购买方式各有利弊。

从选择上看，买方若从股东手中购买股份，有买控股权和全向收购两种选择，若购买新股，则只有买控股权一种选择。从支付资金上看，在只收购控股权的情况下，购买新股的花费比购买股东卖出的股份要多一倍，当公司再发新股或有股东增股（Right Issue）时，买方需要继续增加资金的投入，不然就会面临因股权被稀释（Di1ution）而失去控股权的境地。从资金去向上看，购买股东的股份时，资金直接流向原股东，将不会用于企业的运营；购买新股时，资金直接投入企业，且买方仍旧能够控制和使用这笔资金，因此，大股东更希望买方从原股东手中购入股权，而小股东和股市则更偏好买方购入新股。

我国有多种以所有者划分的股权类型，如法人股、国家股、内部职工股、社会公众股等，不同股份类型的价格和流通方式存在巨大的差异，因此在实施并购活动时，结构设计将会是复杂且至关重要的。

在购入一家上市公司的控股权时，至少有四种购入方式可供买方选择，如图2–1所示。

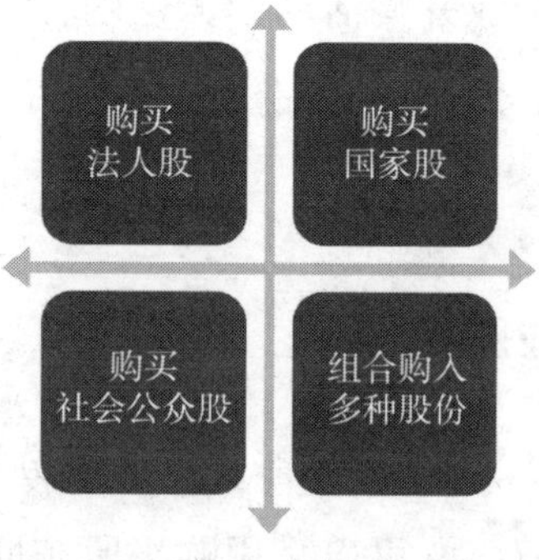

图 2–1　公司控股权的四种购入方式

对比以上购入方式，购买法人股有最大的谈判空间，在支付价格方面，比公司账面净资产高或低都是有可能的。在支付方式方面，有多种支付方式可供选择，既可用等价的现金、股票、股权进行支付，也可选择用资产、土地等实物付款。在支付成本方面，购买国家股的成本远远低于购买社会公众股的成本，但受行政因素的影响最大；购买社会公众股所花费的成本最多但最难实现。

被兼并企业以净资产作为股金投入买方，原公司以“壳”公司的形式存在并成为买方的股东的方式就是吸收兼并（Take Over）。在我国，被吸收企业的国有资产管理部门或行政主管部门将会在原企业消失后成为兼并方的股东。现在，地方政府为了最大限度地利用“扩大上市规模，限制企业数量”的上市政策，往往会通过吸收兼并的方式来对企业进行重新“包装”。

2.2.3 购买股份+期权

企业在进行并购时可能会对目标企业中新产品的市场前景、管理人员的潜质、管理人员的合作态度、区域性经济环境对企业的影响等一些方面感到不满意，也可能会因为这些不确定因素无法在并购之后顺利进行业务整合，尤其是对首次涉猎某一行业或地区的企业来说，他们对竞争者情况、市场周期、行业总体供求等缺少判断把握的能力，若在接手时不够慎重，可能会面临很大的风险。

为了规避以上风险，买方必须坚守稳健原则，借助购买部分股权加期权（Option）的购买结构进行分步收购。买方在和卖方签订购买部分股份的协议时，也要针对价格、数量、有效期、实施条件等签订购买期权的合约。

西方国家有买方期权（Call Option）、卖方期权（Put Option）和混合期权（Put and Call Option）三种类型的期权。

买方掌握控制实施的主动权就是买方期权，这样对买方来说是有好处的，但对卖方来说，如果不是没有其他选择或能够在期权价格上获利是不会接受的。买方期权对买方来说也不是只有好处的，一方面，若要获得期权，可能需要付出高昂的费用；另一方面，如果有最终不实施期权等预期之外的情况，收购将会变为参股，买方将会面临既不能退回已购入的股份，也得不到控制权的困境。

卖方掌握控制实施的主动权就是卖方期权，它与买方期权恰恰相反，当卖方要实施期权时，买方只能被动接受。虽然卖方期权是更利于卖方的，但如果买方觉得这样的购买方式能够获取更多利益，也可以选择这样并购。

买卖双方都有要求实施期权的权利，且在实际中双方的约定条件不能同时满足的情况下能够使双方实现利益均衡的期权价格的结构就是混合期权。这种结构通常在买卖双方的实力和地位都相仿、只运用买方期权或卖方期权无法顺利完成并购活动时使用。

2.2.4 购买含权债券

含权债券是公司债的一种，债券的发行人将部分权利与债券绑定，购买债券的人可以在规定的时期享受这些权利。含权债券包含可转换债券和股权性债券两种。

可转换债券（Convertible Loan）的持有者可以在规定的时期按照自

身想法以规定的价格或比例把债券和发行公司股票进行置换。处于经营调整期或重大项目建设期的企业有未来效益的良好预期或有对通货膨胀的隐忧时，常常会发行可转换债券来对财务风险进行防范。可转换债券既有债券的相对安全性，又有股票的投机性，因此企业会出于保守稳健的想法，采用大量购入某家公司的可转换债券的方式来实现并购的目的。

当卖方拥有良好的信誉和较强的偿债能力时，如果发行公司的发展符合买方的期望，买方就会实施转换，若是达不到期望，买方就不会实施转换。如果卖方不能在买方不实施转换时做到让资金安全回笼，那么债券就变成了风险极高的贷款。

股权性债券（Convertible Loan With Equity Nature）是在可转换债券的基础上设计出来的一种在没有进行转换的时候可以不支付利息但能像股东一样拥有获得分红的权利的债券形式。一般来说，对目标公司当前的盈利感到满意，但并不能确定此公司未来的发展的买方会采取购入股权性债券的购买结构。

2.2.5　利润分享结构

利润分享是一种与“分期付款”比较相像的购买结构。因为买卖双方是站在各自的角度看待企业的，对于企业的现状和未来的发展，买方通常以保守的态度进行分析和判断，而卖方的看法会更加积极，所以买卖双方在企业的价值认定方面的想法往往大相径庭。利润分成的购买方式就可以在这种时候派上用场，这种购买方式能够解决买卖双方的分歧。

在这种购买结构安排下，一方面，买卖双方需要就基础价格想法一致，并在交易达成时对这部分款项进行支付；另一方面，对于因使用不同的假设条件而产生的意见不合，可以通过与实际经营业绩相结合、分期付款的方式来解决。对于分期付款的资金一般是不会将税后利润作为基数的，且它的计算基础必须提前协商清晰，因为企业在进行并购活动之后，资本结构、资本状况、固定资产折旧计提基数和方式都会发生很大的改变，税后的利润也会随之发生变化。

因此，要尽可能多地采用息税前利润（Earnings Before Interest and Tax）。如果企业经营能达到预先商定的利润水平，那么卖方也可以从中获取一定比例的利润。这部分利润的支付在税务方面会比较麻烦，如果买方把这部分利润作为购买价格中的一部分，当没有获得税务局的批准时，只能作为税后利润进行支付。

“效益补偿式”兼并是我国的一种与利润分享结构相似的企业并购方式。买方用已确定的基础价格并购地方国有企业，并负责该企业的债权和债务，除此之外，买方还要按照双方约定的数额把该企业在未来的利润用来还清当地政府对该企业的投入。从本质上来看，这种并购方式不是“分期付款”的购买结构，而是有附加条件的购买结构，当地政府的支持就是其中附加的购买条件。

2.2.6 融资租赁结构

银行或其他投资人购买目标企业充当出资人，再把购入的资产租借给真正的投资者，由真正的投资者来负责经营这部分资产并以租赁费的方式清偿租金的购买结构就叫作资本性融资租赁结构。

从法律的角度来看，在经营资产的投资者还清租金和残值[①]之前，这些资产属于进行出租的出资人，在租赁费用全部还清之后，这部分资产就属于承租的真正投资者了。从事实的角度来看，在事件开始时，承租的真正投资者就已经是这部分资产的实际拥有者了，并且也能基本确定会是资产的最终所有者，对于这一点，出租的出资人也十分清楚。

那么，为什么会设计并采用融资租赁结构呢？可能是承租方难以支付起全部资产的价格，也可能是投资人期望通过这种结构在税务中得益，这也是最具可能性的原因，因为在税前支付的租赁费可以算作成本，这对投资人来说算是在税前归还贷款本金，能够从中获取巨大利益。在国外，必须经过税务局批准才能采用这种租赁结构，因此，在政府大力支持的产业中，融资租赁结构往往被应用于政府的鼓励政策中。

我国的抵押兼并是由资本性融资租赁发展而来的一种企业并购方式。这种并购方式的做法就是先估定企业资产的价格，将其抵押给最大债权人，企业失去法人资格，与银行协商对债务暂停按期计息，再由债权人和企业的主管部门商榷，投入原企业的全部资产建立新企业，改变产品结构，开发新市场，用新企业的盈利还债来赎回原企业的所有权。这种方式会使濒临倒闭的企业在和解整顿时期获得成功，但处于和解整顿时期的企业的产权并不会有转移。

① 残值是指在一项资产使用期满时预计能够回收到的残余价值，也就是在固定资产使用期满报废时处置资产所能收取的价款。

2.2.7 承担债务模式

承担债务模式是我国企业并购中的一种交易结构。这种购买结构的做法就是在目标企业的债务和资产估价相等的时候，买方同时接手目标企业的所有资产和债务，卖方把所有资产转出后将不再担任企业法人。从本质上来看，在这种购买结构中企业被买方以0元的价格购买下来，这样设计的最初目的是确保债权人的利益不被损害，但从现实来看，这种购买结构可能无法保障买方的利益。

如果目标企业在创建初期有充足的资本，但因经营过程中操作不当造成资不抵债，那么该企业在经过评估后需要由买方支付的价格可能会比它的实际价值高很多，在该企业有买方需要的特殊资源的情况下，买方也需要权衡是花费很大的代价购入该企业，还是另外寻求可替代的资源。

如果目标企业像我国的很多企业一样，在创建初期缺乏资本，依靠银行贷款持续负债经营和发展，那么在利息高于当前的现金流而面临破产而对其按照市价法或自有成本进行估值，企业的债务可能远远低于它的资产价值，买方若通过承担债务的方式购入该企业，将会获得巨大的利益，这也是承担债务模式的不科学之处。

2.2.8 债权转股权模式

当企业没有偿债能力时，最大债权人通过把债权作为投资的方式获取企业的控制权的并购方式就叫作债权转股权。这种并购方式同样是有利有弊的，它的好处是不仅能够打破债务网络，还能丰富企业的自有资本，增强管理力量，帮助企业摆脱当前的困境。

由于各企业间的连锁债务关系（三角债）越来越多，目前我国许多企业的并购活动都是债权转股权模式。已经没有能力对供应商或上游企业供货的组装企业和下游企业往往会被以债权转股权的方式收购，但这种收购方式对债权人的利益可能有损害，在企业严重资不抵债的情况下仍旧以1∶1的比例把债权转为股权，债权人将会有巨大的损失。

例如，中国光大国际信托公司在亏损额是权益的10倍的时候进行债务重组，债权人的本金在债权转变为股权时亏损严重。

债权转股权大多是出于无奈而选择的并购方式，评估得出的企业实际价值并不会被作为成交价格，当以债务为基准确立成交价格时，得利或受损对于买卖双方来说都是可能的。债权转股权模式和承担债务模式都是在特殊的经济环境中应运而生的企业购买方式，由于它们存在许多缺陷，在发展过程中也将会被更加符合市场经济要求的规范的购买结构所取代。例如，企业可以采用更加合理的方式，在企业资不抵债，或资高于债但现金流低于利息时，先进行和解整顿消除债务债权关系，然后将剩余资产售出。

2.3 并购重组结构设计的原则与要点

2.3.1 综合效益原则

企业开展并购活动的根本目的都是通过资本结合，达到业务整合，以期在综合品牌、获得技术、开发能力、管理经验、营销网络、规模经济、财务税收等各方面获取最大效益。因此，并购活动成功的标志并不是顺利达成交易，而是企业的整体实力和盈利能力与并购之前相比得到了较大的提升。所以，对于企业的并购结构设计来说，不仅要斟酌资本的接收问题，更应该思考在资本结合之后能否实现业务整合，是否能达到预期目标。

业务整合有三种方式，如表2–5所示。

表 2–5　业务整合的三种方式

整合方式	具体内容
垂直整合	通过并购供应商、经销商等产业链上下游企业，形成包括从原材料到产品的生产体系的业务整合方式
水平整合	通过并购同类型企业，提高生产能力，获得本领域相应产品的市场主导权
混合整合	也叫多角化经营策略，是为避免资产集中于同一行业，通过收购各个不同行业的企业来获取稳定收益的业务整合方式。除此之外，还要进行人才整合、技术整合、网络整合、市场整合等

关于业务整合的正面案例数不胜数，例如北京东安集团并购北京手表二厂后改建为双安商场，达成零售网点的市场整合，这是成功的垂直整合；上海巴士股份有限公司并购了19家公交公司的车辆和运营线路，获取了更多的市场份额，这是成功的水平整合；日本松下电器并购美国米高梅娱乐公司（MCA），不但能够通过米高梅的视听软件促进自身高清晰度电视（HDTV）的技术发展，也配合了业务空间的整合和多角化经营的战略，这是高水平的混合整合。

法国经营中低档化妆品的著名公司雅芳（Avon）对高价位化妆品牌蒂芙尼（Tiffany）的并购则是一项反面案例，雅芳试图扩大市场行销网络，但由于两个企业的营销网完全不在同一消费层次上，不能进行整合，导致了蒂芙尼持续亏损，只能被动出售。

2.3.2 系统性原则

结构设计一般涉及六大方面，如表2-6所示。

表2-6　结构设计的六个方面

层面	具体内容
法律	并购企业所处国家的法律环境（商法、税法、公司法、会计法、反垄断法等）、不同并购方式的法律条件、企业内部法律（如公司章程等）
财务	企业财务（资产、负债、税项、现金流量等）、并购活动本身的财务（价格、规模、成本、支付方式、融资方式等）
人员	熟练员工、高级技术人员、企业的高级管理人员等
市场网络	营销网、信息网、客户群等
特殊资源	专有技术、独特的自然资源、政府支持等
环境	企业所处的“关系网”（股东、债权人、银行、关联企业、行业工会等）

一般来说，结构设计的核心在于法律和财务两个方面，但在部分并购活动中，市场、人员和专有技术也能成为结构设计中不可忽视的重中之重。

例如，中国航空技术进出口公司凭借良好的财务设计，与美国西雅图MAMCO公司旗下一家生产商用飞机配件的企业迅速签约，可惜该交易被美国政府所属的外国人投资调查委员会以涉及尖端科技为由，引入“危及国家安全”的法案，予以否决，中航技被迫售出已购得的股票。一家日本公司没有提前对特殊“资源”进行全面调查，在收购一家有政府订货的美国公司后被告知只有SCORP（小型企业）才能与政府订立合约，而此公司因为有外国企业担任股东不能算作“小型企业”，不但得不到特殊资源（政府订货），还可能会承担对政府赔偿的违约金。

2.3.3 协同性原则

企业是由各种不同的要素组成的，这些要素在一定时间内、一定条件下处于动态平衡状态。需要注意的是，不同的企业有不同的平衡状态，自然也有不同的最佳组合。A企业在某个条件下达到平衡，B企业未必能在同等条件下达到平衡。因此，企业之间的最佳组合应该是实现优势互补。为此，在并购整合的过程中，并购企业与目标企业要立足于双方的优势，实现优势互补，在新环境、新条件下形成一个理想的组合。

协同效应指的就是企业并购后的协同优势，具体来说就是并购完成后企业资源得到优化配置，并购双方实现优势互补，企业运营成本下降，运营效率提高，最终使企业的整体效益超过并购前各企业独立经营收益之和，市场竞争力大幅提升。简单来说，协同效应就是要实现“1+1>2”。

从本质上看，协同效应就是并购双方通过共享资源提高经济效益以及市场竞争力。协同效应不仅是驱动企业发起并购的重要动因，也是衡量企业并购是否成功的重要因素。具体来看，企业并购的协同效应主要表现在三个方面，分别是经营协同、管理协同和财务协同，如表2–7所示。

表 2–7　企业并购协同效应的三大表现

协同效应	具体表现
经营协同	经营协同指的是并购双方对经营市场、经营活动进行整合，节约经营费用，将节省下来的资金投放到新产品、新技术研发方面，实现产品与技术的迭代更新。同时，并购完成后，企业规模扩大，可以形成规模效应，提高竞争优势，增强风险抵御能力
管理协同	并购企业有实力发起并购，说明其拥有一套成熟、高效的管理体系与管理模式。并购完成后，并购企业可以利用这套成熟的管理体系与管理模式对目标企业进行改革，帮助目标企业解决管理方面的弊病，提高管理水平，改善经营业绩，最终实现双赢
财务协同	财务协同主要表现在两个方面：一方面，并购完成后，企业规模扩大，竞争力提升，可以从更多渠道筹集资金，满足企业扩张、业务拓展、产品研发等活动的资金需求；另一方面，并购完成后，企业可以合并部门，精减管理人员，节省管理费用，提高资金利用率

总而言之，企业并购整合要面向实际，无论是资产整合、财务整合还是人员整合，都要以实现效益最大化为目标，促使各类资源实现优化配置，切实提高企业的竞争力，最终达到稳定员工队伍、提高经济效益、美化企业形象、促使各类资源与要素实现充分利用的目的。

2.3.4　稳健性原则

企业的并购活动往往是企业经营发展中关乎生死的战略性行为，对买卖双方都有重要影响。因此，作为企业并购活动的代理方的投资银行在设计并购结构方案时，必须把稳妥作为制定方案的第一准则，最大限度降低活动风险。

一般来说，战略性并购活动从不会是心血来潮的行为，它往往是企业经过深思熟虑、煞费苦心之后采取的战略，务求圆满成功。但机会性并购活动则不同，它大多是由财务或技术等方面的一些利益引导发生的，常常会忽视潜在的风险。

例如，中国台湾宏碁电脑为获取美国康点（Counter Point）的群用电脑技术和国际行销网络，以2亿新台币的价格对其进行收购，但由于宏碁电脑对康点产品的竞争力和市场行销能力缺乏深入认识，在业务整合的过程中难以达成共识，发生人才断层危机，康点在被收购后的3年中累计亏损5亿美元，直至1989年，宏碁公司不得不撤资。

日本富士通公司对美国安代尔（Amdanl）公司进行收购采取的方式却与宏碁大不相同，因此最终收获的结果也是相反的。日本富士通在没有全面了解安代尔的技术开发能力之前，采纳财务顾问的建议实行分段购买的策略，先购买安代尔30%的股份去学习技术，但并不参与公司的经营管理，在对公司状况全面了解透彻之后再买下全部的股权。

在并购活动中，买方往往难以在短时间内准确把握目标企业在各方面的具体情况，买卖双方也可能在企业未来经营策略等问题上出现分歧，为了将交易的风险控制在双方能够把握的范围内，在进行结构设计时往往采取分段购买或购买选择权（option）的方案。

各个企业在资产、财务、税务、人员等方面的差异性导致企业的并购活动必然是复杂的，这直接决定了结构设计方法具有复杂性和多样性的特点。

例如，在选择并购目标环节，最初采用经济学和商品学中的经验曲线法、产品生命周期法、PIMS（市场战略的盈利效果）方法等，后期又有指导性政策矩阵等方法；在资产评估环节，有比较法、原值法、市价法、重置成本法、收益现值法等多种经验方法；在财务评价环节，既有内部收益率法，也有净现值法。

与以上环节中的方法相比，结构设计方法更加繁多，难以用已知的类型进行概括。除计量经济学和运筹学中的优选法、概率论、线性及非线性规划等必备的方法论知识外，结构设计人员还需要掌握大量的其他知识和结构设计方法。

例如，当企业的产品畅销，要以尽快增产来提高市场占有率时，有合资建厂、委托加工、收购同类厂的生产线、收购同类厂、租用同类厂的生产线等多种方式可供选择，企业可采用统筹法或优选法在这些方式中寻求最优解。

如果收购是企业的多元化战略性行为，对于并购的基本框架设计问题，则要用到博弈论、多元非线性规划和计量经济模型。但结构设计并不能单凭数学工具和模型去完成，即便结构设计的约束条件再少，也主要靠人的智力和经验来实现，而不是固守规范和流程。

2.4　并购重组的交易方案与操作实务

2.4.1　标的公司的价值评估

根据《上市公司重大资产重组管理办法》，可依照以下两种资料对标的公司资产进行评估：一种是由具备证券业评估资格的资产评估机构开具的资产评估报告，另一种是由估值机构按照《估值报告标准》开具的估值报告。资产评估报告的资产评估活动由于是在资产评估法和行业准则范围内进行的，因此也更受监管部门和市场的认可，这也是最普遍的估值方式。

当前资产评估有三种基本方法：收益法、市场法和成本法（资产基础法）。其中，收益法是根据企业的获利能力来衡量企业价值的，也是最常用的评估方法；市场法主要分为可比交易案例法和可比公司法，通常应用于成熟市场；成本法的主要评估方法是重置成本法。

在意向性谈判时，交易双方通常采用市场法中的市盈率法来表明意向，估值结果是不具备法律约束效力的，因此，此时的估值会受增长率、盈利预测、方案设计、上市公司的股价、拟定的股份发行价格以及标的公司所处的行业成长性等多种因素影响。市场化并购中的估值受多种因素影响，不能孤立存在，需要从多个层面综合评判。

下面我们将从三个层面阐述估值时应注意的问题。

标的公司层面

成长因素和盈利预测是影响估值的两项关键因素，其中有业绩对赌，目的是保障投资人的利益，也有企业的业绩增长率。交易双方对标的公司进行估价的初期通常会将市盈率（包括动态市盈率、静态市盈率）作为评估依据。在资产处于卖方市场或市场情况乐观时，公司大多会依据动态市盈率进行估值，尤其是有着新兴业务形态的、关于互联网的、正处在业绩加速爆发期的标的公司。

业绩增长率与市盈率之间通常呈正比关系，一般来说，增长率高的情况下才会有高的估值。当增长率大约为20%时，市盈率在8倍到10倍；当增长率涨至25%时，市盈率涨至10倍到12倍；当增长率约为

30%，那么市盈率通常在12倍到15倍。

一般情况下，未来盈利预测的利润总和为估值的30%~40%，由于标的公司所处行业、经营模式和发展阶段不同，常常会出现特殊案例。在部分案例中，要在支付款项的各个时点分阶段估值，例如，东城药业收购安迪科100%股权时，收购的48.5497%股权中有34.8602%股权的现金于交易时估值支付，剩下的13.6895%股权的现金留到2020年估值支付。

上市公司层面

当以支付股份或部分股份的方式进行交易时，上市公司新发行的股份是标的公司获得的对价。上市公司的现行股价、交易双方拟定的股份发行价格以及现行股价是否处于合理价位，都能影响到标的公司估值。

综上所述，只参照标的公司的估值进行交易，却不考虑上市公司原本的股价和拟发行的股价是失之偏颇的。当前考虑相对全面且易于接受的方式是综合标的公司的股东所持股份比例和上市公司并购后的市值反向得出标的公司的估值。

方案设计层面

一般来说，高收益往往伴随着高风险。实际交易中，支付方式、锁定期安排和是否对赌都是影响股票价格的因素。签订对赌协议且股份支付的估值通常比不对赌且现金支付的估值高，锁定期越长的估值往往越高。除此之外，估值还需将税收成本纳入考虑范围。

标的公司的估值是交易双方基于市场和监管机构对标的公司的估值对标的的价值进行判定和博弈的结果，要经历一个相当烦琐的过程。没有经过全面考虑的高估值可能会影响企业业绩、市场与监管部门的认可度等。因此，交易时必须确保估值的合理性，平衡好各方的利益。

2.4.2 并购重组的支付方式

当前常用的支付手段有股份支付和现金支付两种，这两种支付手段可形成三种不同的支付方式：全股份、全现金、现金和股份混合支付。

并购支付的考虑因素

一般情况下，上市公司在实施并购时，在支付手段方面要考虑以下几项因素：

（1）交易规模。大规模并购通常采用全股份或现金和股份混合支付，小规模并购往往只需采用现金支付。

（2）上市公司股权结构和控股股东的持股比例。在控股股东持有较高比例的股份的情况下，上市公司往往更偏向采用股份支付。

（3）上市公司的估值和市盈率。当上市公司有较高的估值时，收购方往往偏向采用股份支付，标的公司的股东往往偏向获得现金；当上市公司估值较低时则相反。

（4）上市公司的资本结构、现有资金、融资能力。当上市公司缺乏资金且融资能力不足时，往往更偏向采用股份支付。

（5）交易对方的身份、需求。一般情况下，标的公司实际控制人倾向于获得股份，财务投资者和部分私募机构由于想要短期套现而更倾向于获得现金。

（6）以股权的方式锁定交易对方的需求。股份支付的方式便于锁定交易对方的管理层，有利于建立长期利益关系，保障业绩。

（7）交易标的性质。根据中国证券监督管理委员会的相关政策，使用亏损的资产进行股份支付是难以通过审核的。少数股权若要采取股份支付的支付手段，则必须具备一定条件。

（8）税负考虑。当股权支付金额在支付总额或被收购企业股权中占有极大比例时，可根据政策以特殊性税务处理来延迟纳税。

（9）审核程序、审核时间、审核压力。现金交易不需要经过证券监督管理委员会的审核，时间较短。股份支付则必须经过证券监督管理委员会的审核，且无法确保顺利通过审核。不仅如此，在并购过程中使用不同的支付手段也会造成上市公司在财务状况、未来经营和股权结构方面的差异。

支付方式的利弊

（1）全现金支付。

上市公司采用全现金支付的好处是程序简单、大股东的股权不被稀释、不新发股份摊薄每股收益和无须证券监督管理委员会审核，缺点是影响履行业绩对赌合约、无法借助股权锁定标的股东将上市公司的长远利益和对方收益捆绑在一起。除此之外，全现金支付的方式也无法让标的股东获取上市公司未来股份成长产生的收益。

为弥补上述缺陷，在设计交易方案时，我们通常要求交易对方直接对上市公司进行股份增持，并锁定这些股份。具体可通过两条途径实现股份增持，如表2–8所示。

表 2–8　实现股份增持的两条途径

途径	具体内容
从二级市场直接增持	这样做的好处是大股东不会被怀疑为借机套现，其持股比例也不会降低。但由于二级市场的股价不是一成不变的，如果交易使上市公司股价大幅上涨，那么交易对方的持股成本也将发生变化。除此之外，有些公司会借助分期支付来绑定交易对方的利益，当后续业绩不达标时，交易对价也会被改变

续表

途径	具体内容
向老股东购买	向大股东购买又具体可分为协议收购和大宗交易。根据目前的转让规则，只有持股占总股份5%以上的股东能将股份协议转让。这种方式的优势在于不但能够锁定交易对方增持股份的价格，还不会让持股成本随股价上涨，劣势在于大股东的持股比例被降低了。当交易对上市公司有利时，股价也会上涨，从另一个角度上看这损害了大股东的利益。不仅如此，这种方式存在引起大股东套现的可能性，大股东不但会面临市场质疑，还将失去许多利益

（2）混合支付。

因为标的股东急于套现，所以这种支付方式被大量使用，比如PE股东需要纳税或资金到期。当采取混合支付的方式时，上市公司可利用募集配套资金来解决现金来源。在现实交易中，可将标的特点和对方诉求作为参考依据来灵活设置现金和股权之间的支付比例。在设计方案时，也可依据利润实现的情况设置阶段性支付方案。

中国证监会公布施行的《〈上市公司重大资产重组管理办法〉第十四条、第四十四条的适用意见——证券期货法律适用意见第12号（2022年修订）》提出以下适用意见：上市公司发行股份购买资产同时募集配套资金，所配套资金比例不超过拟购买资产交易价格100%的审核机构是并购重组审核委员会；所配套资金比例超过100%的审核机构是发行审核委员会。因此，现在有许多公司在支付时会扩大现金支付的比例。

混合支付中还存在同股不同价的交易结构。简而言之，就是在不改变标的整体估值的前提下，不同的交易对象对应不同的价格。举个例子，假设标的总估值是10亿元，创始人和管理层在标的总估值中占据80%，他们支付股份并签订对赌协议，那么他们的股权将会有更高的估值，80%的股权估值可达8.5亿元，而财务投资者用现金支付20%的股权且不对赌，其股权估值只有1.5亿元，但具体估值要以最终谈判结果为准。

（3）纯股票支付。

通常很少会有公司以纯股票支付的方式估值。当交易对方十分认可上市公司且其拥有充足的资金支付税费等费用时，往往选择纯股票支付的方式。在当前的重组管理办法中，重组上市的公司无法募集配套资金，上市公司在选择以上各支付方案时也要综合考虑多项要素，包括股权或现金的需求度、各个交易对方的投资成本、宏观经济和资本市场走向等。

2.4.3　业绩承诺及补偿安排

业绩承诺及补偿安排在方案中占据着非常重要的位置。对于业绩补偿问题，《上市公司重大资产重组管理办法》第三十五条明确规定："采取收益现值法、假设开发法等基于未来收益预期的方法对拟购买资产进行评估或者估值并作为定价参考依据的，上市公司应当在重大资产重组实施完毕后3年内的年度报告中单独披露相关资产的实际盈利数与利润预测数的差异情况，并由会计师事务所对此出具专项审核意见；交易对方应当与上市公司就相关资产实际盈利数不足利润预测数的情况签订明确可行的补偿协议。"

不仅如此，该条款还具体说明了需要业绩补偿的情况："上市公司向控股股东、实际控制人或者其控制的关联人之外的特定对象购买资产且未导致控制权发生变更的，不适用本条前二款规定，上市公司与交易对方可以根据市场化原则，自主协商是否采取业绩补偿和每股收益填补措施及相关具体安排。”

综上可知，大多数情况下，是否进行业绩补偿是由上市公司和交易对方商定的，但也有一些特定情况是必须安排业绩补偿的。当前，有部分方案在设计时是没有业绩补偿条款的，但为了顺利通过审核和保护上市公司中小投资者，大多数方案中仍旧有业绩补偿安排。

我们可以根据以下四项要素推断是否需要安排业绩补偿条款：

重组行为

重组行为指上市公司和控股公司以购买或出售等方式进行资产交易的行为，其中，购买资产往往需要业绩补偿，出售资产则不需要。例如，广泽乳业进行资产置换时拟置出所持有的华联股份99.13%的股权和源成咨询100%的股权，且不进行业绩补偿，但对拟购买的资产设定一级补偿。

评估方法

根据《上市公司重大资产重组管理办法》，只有在借助收益现值法或假设开发法等以未来收益预期为基础的方法来评估拟购买资产并进行定价的情况下才能享受业绩补偿。例如，2016年中国动力进行重大资产重组时收购了广瀚动力等诸多标的资产，收购过程中既采用了资产基础法，也采用了收益现值法，并针对在未来收益预期的基础上评估的资产作出了业绩补偿。

交易对方

不管上市公司控股股东、实际控制人或控制关联人是否拥有或控制标的资产，或是否进入过桥等暂时性安排中，他们都要以其获得的股份和现金进行业绩补偿。当把资产基础估值作为交易定价时，如果资产基础法中存在采用未来收益法的资产，那么上市公司的控股股东、实际控制人或控制关联人也对这部分资产安排业绩补偿。

收购股比

即收购的是标的公司少数股东的权益还是控制权。通常情况下，如果收购的是标的公司少数股东的权益，由于该收购行为对标的公司的控制权或经营并不会产生重大影响，因此交易双方不需要就业绩补偿条款做出承诺。但是，如果收购的是标的公司大股东所持有的部分少数股东权益，就需要根据实际情况就《上市公司重大资产重组管理办法》进行业绩承诺。

2.4.4　并购重组的融资安排

融资安排

目前主要有借款、股权融资、债权融资、并购基金四种融资途径和其他由此组合而成的融资途径。

（1）借款。

借款主要有两种渠道，分别是向银行并购贷款和向控股股东资金拆借，如表2–9所示。

表 2–9　借款的两条渠道

渠道	具体内容
向银行并购贷款	向银行并购贷款需要根据《商业银行并购贷款风险管理指引》来确定其在并购交易价款中的占比，并购贷款的利率将会高于基准利率，付息周期将以月为单位，而且还需进行抵押担保或质押担保。因此，银行并购贷款并不是并购融资的首选方案

续表

渠道	具体内容
向控股股东资金拆借	向控股股东资金拆借指的是为了完成资产收购，控股股东将资金拆借给上市公司。当被收购方对交易有较高的时间要求和现金要求时，可以尝试采用这种方案。在时间和现金要求高于国内的境外收购中，往往存在这种拆借行为，但也可能由大股东直接收购境外资产

（2）股权融资。

股权融资是目前常用的一种并购支付方式。我国证监会修订发布的《发行监管问答——关于引导规范上市公司融资行为的监管要求》中对上市公司股权融资的资金规模有明确规定：非公开发行股票的拟发行股份数不能超过原来总股的20%，并且要与前一次募集资金的到位时间间隔18个月及以上，因此当前的资产收购通常采取发行股份的方式购买资产，而非公开发行募集资金。

（3）债权融资。

在进行债权融资时发行的债券分为公开发行和非公开发行两种。公开发行公司债券有利率低的优势，但同时额度受净资产40%的制约，且须经中国证监会审核，因此这种方案不适用于净资产规模较小的公司；非公开发行公司债券的优势是额度方面没有限制，融资方面速度较快，但这种方式也存在高利率的缺点，因此这种方案更适合置换控股股东的资金拆借。

（4）并购基金。

当公司有整合产业链或收购不够成熟的标的资产的计划时，就可以准备一笔并购基金。这种设置并购基金的方式往往被运用在境内公司对境外标的资产的收购中。例如，木林森利用并购基金实现对和谐明芯和卓睿投资持有的明芯光电100%的股权的收购。

并购融资方式选择的考虑因素

多种多样的融资方式让人眼花缭乱，因此企业必须保持清醒的头脑，综合多方影响因素在融资方式和融资机构选择方面作出最优选择。下面介绍一些相关影响因素：

（1）并购动机。

当并购企业实施并购行为的主要目的是长期持有该标的公司时，它将对该公司投入长期的资金，在生产经营上与其建立密切的合作关系。当其目的是获取并购中的某些财务效益时，将会把重点放在投资上，采用较为激进的融资政策。

（2）并购企业自身的资本结构和对待风险的态度。

并购企业的资本结构会影响其融资方式。当并购企业拥有充足的自有资金时，最好采用自有资金来达成目的；当企业有高负债时，最好采用股权融资的方式；当企业有较好的发展前景，但要避免被稀释股东权益时，可采用负债的方式；当企业在短时间内有充足的资金时，为规避长期性风险，要尽可能采用短期资金拆借的方式来进行融资。

不仅如此，并购企业的风险态度对融资方式也有着极其重要的影响。在财务风险型企业中，财务状况的不确定性较强，融资态度也相对激进，通常选择短期负债的融资方式。而业务风险型企业更偏好相对稳妥的融资方案，通常选择长期的资金来源。

（3）并购的支付方式。

当企业的目的是获取现金时，通常采取现金收购的融资方式。当并购企业现有资金不足时，往往用分期支付的方式来替代一次性支付，并购融资的期限结构也会随之发生改变。当企业的目的是避免控制权被稀释时，通常采取股份支付的方式来实施并购，但往往由上市公司来发行股份。

（4）融资环境。

企业的融资环境对融通资金的需求量和融资的成功率有着极其重要的影响。其中，资本市场的成熟度、货币的汇率、并购融资的相关法律条文等都能够在各个不同的角度上对企业并购融资方式的选择产生影响。

（5）融资成本。

不同的融资方式成本也是不同的，因此企业还需综合成本因素来选择自身最适用的融资方式。债务融资的成本有两项，分别是利息和融资费用。由于投资者投入企业的资金通常以股票的形式存在，因此企业的股票资本成本主要包括发行费用和支付的股利。企业并购的过程中有多种限制因素，所以企业往往组合多种融资方式来形成最适合自身的融资方式。

2.4.5 并购重组的实务要点

（1）借助有限合伙企业实现并购目的。

在实际并购活动中，实施并购的主体通常是法人型企业，但在某些特定情形下，将有限合伙企业作为实施并购的目标更易达成一些特定的并购目的。

（2）如何在集团组织架构中选择并购实施主体。

企业从创立到成长，再从发展壮大到成熟的过程也是企业由单一型企业发展为集团型企业的过程。因此，集团型企业的组织特点也是进行企业并购时不可忽视的重要因素，企业必须对并购交易的规模、战略、融资安排、并购整合等因素进行全面综合考虑，从而选取最合适的并购实施主体。

（3）巧用特殊目的公司实现杠杆收购。

并购方和被并购方分别拿出现金和被并购的部分资产，共同出资创建特殊目的公司来进行并购活动。特殊目的公司先把公司资产作为担保，再实施融资，最后并购被并购方的剩余资产。这种收购方式既不需要承担被并购企业原本的债务，又借助被并购资产达到了融资目的。

（4）在目标公司所在地设立公司实施并购，以满足地方国资要求等多重目的。

一般来说，在并购国有企业时会受到地方政府或地方国有资产管理部门中诸多要求的限制，出于对税收等方面的考量，通常会限制更换被并购企业的注册地。此外，并购方为规避进入新的市场面临的风险通常会与地方企业合作创建特殊目的公司来实现并购目的。

（5）通过信托代持实现隐含实际控制地位。

代持是企业为隐藏某些特定的行为性质而在并购活动中采取的一种行为方式。例如，为防止控股股东具有绝对控股权，华润电力与中信信托签署《信托合作协议》，由中信信托代持华润电力的部分股权，从而避免履行上市公司的信息披露义务。即便在《最高人民法院关于适用〈中华人民共和国公司法〉若干问题的规定（三）》中已经明确了有限责任公司的代持行为在合法范围内，这种股份代持行为的法律效力也是仍旧缺乏确定性的。

（6）利用委托书实施并购。

股东可利用委托书委托代理人代为参加股东大会。在这种制度设计的情况下，中小股东可团结起来与大股东抗衡，大股东也可以与其他中小股东一起推进反并购活动的实施。由于委托书并购具有低成本的优势，且我国上市公司的股权越来越分散，中小股东有着越来越强的维权意识，因此有越来越多的公司借助委托书实施并购和反并购活动。但委托书并购也存在一些缺陷，目前还没有明确的制度对其进行指导和规范，在操作时容易越过法律的边界，因此，这种并购方式仍需考察。

（7）借助多层次组织结构实现无风险的企业并购。

在进行企业并购时设立多层级的组织结构不仅仅是综合考虑企业的组织管理体系和融资安排等因素之后作出的决定，更为关键的是这样可以借助公司的有限责任制度来规避风险，把风险控制在特定的层级中，避免出现实际控制人直面风险的情况。

（8）根据目标企业所在地区的市场环境选择当地实力较强的投资者，合作完成企业并购。

由于目标企业所在地区的市场环境往往相对复杂陌生，并且可能会受到某些地方势力的影响，因此在当地选取实力较强的投资者来合作完成企业并购是一种相对稳健的并购方式。

（9）通过承担债务来无偿转让股权。

承债式并购是一种在企业资不抵债时通过承担债务的方式无偿转让股权的企业并购方式。无偿转让既不违反公允价值，也不会面临税务部门的惩处，股权转让方无须承担任何税费。

（10）以置换出的上市公司资产为收购的支付对价进行资产置换

并购。

资产置换并购常被应用于借壳上市，用上市公司的拟剥离资产或不良资产置换拟上市资产是它的常规操作，置换的操作方式通常是由拟借壳方借助股权收购等方法来控制上市公司。

第3章　要约收购

3.1　要约收购的概念特征与操作程序

3.1.1　要约收购的概念特征

所谓要约收购，指的是收购方在产生收购意向后，向目标公司的全体股东发出购买其所持有的该公司股份的要约，并依据要约收购书中确定的时间、价格以及其他条件等进行股权收购的一种收购行为。作为一种特殊的证券交易行为，要约收购已经成为各国证券市场中最为主要的一种收购方式。

要约收购的标的为目标企业的所有依法发行的股份，所以在要约收购行为当中，目标企业的所有股东均能够平等地获取信息并自主作出选择。因此，要约收购能够在一定程度上预防内幕交易的发生，可以有效保障企业全体股东的利益。

要约收购与其他收购方式的相同点在于，收购方均是期望获得对目标公司的控制权或相对控股权；要约收购与其他收购方式的主要区别在于，在要约收购方式中，收购方需要以书面报告的形式说明其收购意向以及相关的收购条件。

要约收购包含全面要约与部分要约两种类型：全面要约是指收购人向被收购公司所有股东发出收购其所持有的全部股份的要约；部分要约是指收购人向被收购公司所有股东发出收购其所持有的部分股份的要约。

《中华人民共和国证券法》第六十三条规定："通过证券交易所的证券交易，投资者持有或者通过协议、其他安排与他人共同持有一个上市公司已发行的有表决权股份达到百分之五时，应当在该事实发生之日起三日内，向国务院证券监督管理机构、证券交易所作出书面报告，通知该上市公司，并予公告，在上述期限内不得再行买卖该上市公司的股票，但国务院证券监督管理机构规定的情形除外"。

《中华人民共和国证券法》第七十三条规定："采取协议收购方式的，收购人收购或者通过协议、其他安排与他人共同收购一个上市公司已发行的有表决权股份达到百分之三十时，继续进行收购的，应当依法向该上市公司所有股东发出收购上市公司全部或者部分股份的要约。但是，按照国务院证券监督管理机构的规定免除发出要约的除外。"

根据相关法律法规对于要约收购的规定不难发现，与其他的收购方式相比，要约收购具有更强的公平性和公开性，整个收购过程以及相关收购信息的披露也更加透明，所以要约收购方式也就能够更好地维护目标企业股东尤其是中小股东的利益。当收购方发出书面报告后，目标企业的中小股东能够自主决定是否接受收购方的购买要约，避免出现收购方私自与大股东勾结进行溢价交易的情况。

- 《上市公司收购管理办法》第三十三条规定："收购人作出提示性

公告后至要约收购完成前，被收购公司除继续从事正常的经营活动或者执行股东大会已经作出的决议外，未经股东大会批准，被收购公司董事会不得通过处置公司资产、对外投资、调整公司主要业务、担保、贷款等方式，对公司的资产、负债、权益或者经营成果造成重大影响。”

●《上市公司收购管理办法》第三十四条规定：“在要约收购期间，被收购公司董事不得辞职。”

上述规定限制了目标企业的实际控制人通过辞职等策略“自毁式保护”目标企业，也在一定程度上确保了中小股东的利益不会因要约收购而受到损害。

部分要约和全面要约的适用情形

（1）协议收购触发要约收购。这种收购方式就是对目标公司股权的收购进行比重方面的限制，在不超过这个比重时采用协议收购的方式，当超过这个比重时采用要约收购的方式。这种情况下的要约收购较为灵活，有全面要约和部分要约两种收购方式可供选择。

（2）证券交易所的证券交易触发要约收购。这种收购方式对目标公司股权收购时的比重也有限制要求，收购人只能在限制范围内利用证券交易所的交易获取目标公司的控制权，如果超过限制范围，就要采取全面要约或部分要约的方式完成收购。

3.1.2 全面要约和部分要约

全面要约与部分要约的区别

全面要约和部分要约的区别主要表现在以下几个方面。

（1）从收购目的看。

部分要约的收购人想要收购的是目标公司的部分股份，全面要约的收购人想要收购的是目标公司的全部股份。部分要约是控股式收购，收购目的是获取目标公司的控制权，通常会维持目标公司目前的上市地位；全面要约是兼并式收购，收购目的是兼并目标公司，通常会让目标公司退市。

（2）从收购结果看。

全面要约在不同的情况下有不同的结果，如果目标公司的股东接受以全面要约的方式收购，那么收购方将会收购目标公司的全部股份；如果目标公司的股东不接受售出全部股份或部分股东不接受售出股份，那么将如同部分要约收购一样，收购人只能收购部分股份。当全面要约中收购人实际收购的股权占比很低时，目标公司的股权分布情况能够使其继续保持上市地位，因此全面要约并不一定会使目标公司退市。当部分要约中的收购股权比例太高时，目标公司的股权分布情况也能使其退市。在部分要约中，收购人能够决定目标公司的股权收购比例，可通过将股权收购比例控制在符合上市条件的范围内的方式来保持目标公司的上市地位。

（3）从收购成本看。

部分要约收购的股权比例较低，相应的收购成本也低。全面要约收购的股权即便不是目标公司的全部股权，也会占目标公司股权中很高的比例，因此也会产生更高的收购成本。

【案例】京基智农（000048.SZ）

2013年9月开始，京基集团频繁通过二级市场增加自身在上市公司的持股比例，最终以占31.65%的股份成为第一大股东，与持股29.85%的控股股东华超投资争夺上市公司股权。

自2018年10月22日起，京基集团以部分要约的方式收购上市公司10%的股份，收购价格为24元/股。本次要约收购期限为30个自然日，如果在期限届满时计划收购数量低于预受要约股份数量，那么京基集团就要以相同比例收购预受要约的股份，其所持股份将占上市公司股份总数的41.65%，成为上市公司的控股股东。

2019年9月3日，京基集团以18.97元/股的价格和全面要约的方式间接收购上市公司原控股股东华超投资100%股权。京基集团在实现此次股权转让后，与其一致行动人所持上市公司股权合计可达71.5%，其中直接持股41.65%，间接持股29.85%。

由于收购方拥有充足的资金和合理的财务安排，此次全面要约收购采取现金支付的方式支付价款21亿元。除此之外，京基集团还考虑到全面要约可能产生的其他问题，比如收购期届满时可能会出现社会公众持股比例达不到上市条件的要求，因此京基集团提出送转股、出售超比例股份、公开或非公开发行等方案用于解决相关问题。

3.1.3 要约收购的触发条件

对于投资者而言，可以自愿选择以要约收购的方式收购上市公司的股份，也可以在符合相应条件后被动触发要约收购。当投资者以自愿的方式主动进行要约收购时，其预定收购的股份比例不得低于该公司发行股份的5%。

当投资者因符合相应条件而被动触发要约收购时，可以参照《上市公司收购管理办法》第二十四条的规定“通过证券交易所的证券交易，收购人持有一个上市公司的股份达到该公司已发行股份的30%时，继续增持股份的，应当采取要约方式进行，发出全面要约或者部分要约”。

关于“要约收购的触发”，可能面临不同的情形：

- 当收购方拥有目标公司的股份占比低于30%时，不触发要约收购；
- 当收购方拥有目标公司的股份占比达到30%，但不再继续增持时，不触发要约收购；
- 当收购方拥有目标公司的股份占比达到30%，继续增持时，触发（全面或部分）要约收购；
- 当收购方通过交易一次性所持有的目标公司的股份占比超过30%时，触发全面要约收购（豁免情形除外）。

当收购方面临要约收购尤其是全面要约收购的触发时，必然也将面临较大的收购风险。因此，有必要对全面要约收购的触发条件进行详细分析：

- 收购方全面要约收购的触发条件为持有目标公司股份的比例达到30%且继续增持，如果持有30%而不继续增持，则不会触发强制要约收购。

- 无论收购方的收购方式为间接收购还是法院裁决、要约收购抑或协议收购，只要其所持有的目标公司的股份比例从30%以下提升至30%以上时，均会触发全面要约义务，也即“一笔过30%，触发全面要约收购义务”。

- 依据《上市公司收购管理办法》第四十七条规定：“收购人拥有权益的股份达到该公司已发行股份的30%时，继续进行收购的，应当依法向该上市公司的股东发出全面要约或者部分要约。”“收购人拟通过协议方式收购一个上市公司的股份超过30%的，超过30%的部分，应当改以要约方式进行；但符合本办法第六章规定情形的，收购人可以免于发出要约。”符合前述规定情形的，收购人可以履行其收购协议；不符合前述规定情形的，在履行其收购协议前，应当发出全面要约。

- 当收购方触发要约收购义务后，可以依法定程序和条件申请履行豁免要约收购义务，如果未取得豁免，收购方就需要执行全面要约收购义务（30天之内减持至不足30%的除外）。

此外，需要说明的是，包括协议收购等股份受让，如果转让的股份达到目标公司股份的30%以上，那么除该转让股份之外的剩余股份需要承担全面要约义务。比如，A企业原本并不持有B上市企业的股份，但B企业的大股东以协议转让的方式将其所持有的该企业40%的股份经过协议转让给A企业，那么A企业需要在协议受让或竞拍后，承担针对B企业剩余的61%股份的全面要约义务。

3.1.4 要约收购的操作程序

根据《上市公司收购管理办法》等相关规定，收购方进行要约收购时需要遵循以下基本程序。

编制要约收购报告书

在要约收购的最初，收购方应该聘请专业的财务顾问，进行要约收购报告书的编制，并通知目标公司以及对要约收购报告书进行提示性公告。需要注意的是，在编制要约收购报告书之前，收购方应该对目前企业进行全面深入的调查，制定囊括最恰当的收购价格和预计收购的份额等在内的完备的收购战略，以便能够在获得对目标企业控制权的同时有效控制所需成本。

作出要约收购提示性公告

收购方在对要约收购报告书进行提示性公告后，如果60日内未公告要约收购报告书的，则需要在期满后次一个工作日通知目标公司并进行公告；此后以30日为周期轮流进行公告，直到收购方发布要约收购报告书为止。

如果收购方在作出要约收购提示性公告后至公告要约收购报告书期间准备取消收购计划，需要公告取消原因；且原因公告后的12个月内，不得对同一目标企业进行收购。

被收购公司专业意见的公告

在收购方进行要约收购的过程中，目标公司应该对收购方的收购意图、资信情况以及主体资格等进行详细调查；分析要约收购的条件；与企业股东进行沟通；聘请专业的财务顾问就要约收购情形给出专业意见。在此基础上，在收购方对要约收购报告书进行公告的20日内，目标企业的董事会应当公告企业董事会报告书与独立财务顾问的专业意见。

此外，如果收购方给出的收购要约条件产生重大变更，那么目标企业董事会应当在3个工作日内公告董事会及独立财务顾问的对应补充意见。

竞争要约问题的处理

在约定的要约收购期限到来的15天之前，收购方不得变更要约收购条件，出现竞争要约情形的除外。对于出现竞争要约的情形，两个收购方应该遵循的条件有所不同：

- 对发出初始要约的收购方而言：如果其变更收购要约距离初始要约收购期限届满不足15日，则应当延长收购期限，而且延长后的要约期限不能少于15日，且不得超过最后一个竞争要约的期满日，并按规定追加履约保证。
- 对发出竞争要约的收购方而言：其发出要约收购提示性公告的时间不得晚于初始要约收购期限届满前15日，且应当遵守相关的法律法规履行公告义务。

办理相关手续

如果目标企业的股东接受收购要约，则应当委托证券公司办理相关手续。同时，收购方需要委托证券公司向证券登记结算机构申请办理预受要约股票的临时保管，如果登记结算机构接受申请，那么被临时保管的股票不得在收购期间进行转让。

需要注意的是，此处接受收购要约的股东，也即预受股东。所谓预受，指的是目标公司的股东初步接受要约，且在要约收购期限内不可撤回之前不构成承诺。当要约收购期限不足3个交易日时，预受股东可以委托证券公司办理撤回预受要约的手续，证券登记结算机构则相应不再对预受要约股票进行临时保管；当要约收购期限届满3个交易日后，预受股东不得撤回其对要约的接受。与此同时，收购方需要在要约收购期限内对已经预受收购要约的股份数量进行每日公告。

当出现竞争要约情形时，预受股东需要将部分或全部预受的股份撤回；如果撤回的股份被出售至竞争要约方，那么预受股东需要委托证券公司办理撤回预受初始要约的手续和预受竞争要约的相关手续。

收购要约股份

当收购期限届满后，则进入正式的收购流程：

- 对于发出部分要约的收购方而言，应当根据要约约定的条件收购预受的股份，如果预受股份数量超出预定数量，那么收购方应该按照相同比例收购预受要约的股份；
- 如果收购方进行要约收购的目的是终止目标公司的上市地位，那么收购方应当按照要约约定的条件购买目标公司股东预受的全部股份；
- 对于发出全面要约的收购方，则应当按照要约约定的条件购买被收购公司股东预受的全部股份。

公告要约收购结果

在收购期限届满后的3个交易日内，指定的证券公司需要向证券登记结算机构申请办理股份转让结算、过户登记手续，并解除对预定收购比例之外的股票的临时保管。同时，收购方应该将要约收购的结果进行公告。

向证券交易所提交报告

在收购期限届满后15日内，收购方应当将有关收购情况的书面报告提交至证券交易所，并将相关情况进行公告。

3.2 要约收购的合规要点与典型案例

3.2.1 收购支付价格与方式

依据《上市公司收购管理办法》，当收购方进行要约收购时，所提出的要约价格不得低于要约收购提示性公告日前6个月内其获得该只股票的最高价格。如果收购方所提出的要约价格低于提示性公告日前30个交易日该股票的每日加权平均价格的算术平均值，那么收购方所聘请的财务顾问需要就该股票的近期交易情况进行分析。

具体分析的内容应当包括该股票前6个月的交易情况，并在此的基础上说明收购方的要约价格是否合理、收购方前6个月取得目标公司股份的具体支付方式、收购人是否有未披露的一致行动人、股价是否存在被操控的可能等。

并购活动有多种支付方式，一种是现金支付，收购人往往会给出占收购价款总额的20%的履约保障金，这也是收购人最常采用的一种收购方式；另一种是证券支付，收购人可选择以证券支付并由中证登保管、发行新股支付；还有一种是现金、证券混合支付。如果要约收购的目的是终止上市且未取得证监会的豁免，那么就必须采取现金支付方式；如果要约收购的收购价款是还没有在证券交易所上市的证券，那么必须提供现金等其他支付方式。

确保收购人履约的方式不仅有支付履约保障金、证券托管，还有银行出具保函和财务顾问出具有保证责任的书面承诺。

【案例1】东方锅炉（600786.SH）

2006年6月，东方锅炉股东东方电气股份有限公司（东方电机股份有限公司于2007年10月26日更名后的名称，以下简称“东方电气”）提出股权分置改革。根据2007年2月公告的《东方锅炉（集团）股份有限公司要约收购报告书摘要》，东方电气将股权分置改革后收购人（东电集团）所持的68.05%股份和东方汽轮机100%的股权以非公开发行A股和支付现金相结合的方式进行收购；收购人对东方锅炉无限售条件的流通股股东提出全面换股收购要约；东方电气将收购人于此次要约收购期限届满时购入的低于东方锅炉31.95%的股份以支付现金的方式进行收购。

此次要约收购以1：1.02的比例进行换股，也就是说东方锅炉无限售条件的流通股股东在要约收购期限内能够用1股东方锅炉股票与收购人1.02股东方电气的A股股票进行兑换。不仅如此，收购人还可提供

25.40元/股的现金选择权以供东方锅炉无限售条件的流通股股东选择。

此次并购活动中，没有投资者在《中国东方电气集团公司关于换股要约收购东方锅炉（集团）股份有限公司现金选择权实施公告》规定的现金选择权申报期限中申报行使现金选择权。到2008年3月5日为止，东电集团已收购东方锅炉股份和东方电气持有的东方锅炉股份合计占总股本的99.67%。最终于3月14日，东方锅炉股票退市。

《上市公司收购管理办法》对于要约收购的股票价格有明确的规定，最低价格不能比要约收购提示性公告日前6个月内收购人取得该种股票所支付的最高价格低，这是要约收购程序的强制性规定；另外，如果要约收购的股票价格比提示性公告日前30个交易日该种股票的每日加权平均价格的算术平均值低，那么收购方的财务顾问必须对收购价格、支付方式等内容进行说明。

【案例2】重庆百货（600729.SH）

2019年6月25日，重庆市国资委、商社集团分别与物美集团、天津物美以及步步高集团、步步高零售签署《增资协议》，引起商社集团股东结构的改变和要约收购，6月26日，重庆百货公告《要约收购报告书摘要》。最终以低于提示性公告日前30个交易日重庆百货股票的每日加权平均价格的算术平均值的要约收购价格27.16元/股完成收购。

财务顾问解释：

（1）与27.16元/股的要约价格相符的重庆百货估值能够与A股同行业可比公司的市净率、市盈率、市销率相比；

（2）最低要约价格不会比本次混改事宜首次公开披露前30个交易

日重庆百货股票的每日加权平均价格的算术平均值低。

3.2.2 要约收购的期限要求

在不考虑竞争要约的情况下，要约约定的收购期限不得少于30日，并不得超过60日。在要约期限内，收购方不得撤销要约，不得卖出被收购公司股票，也不得采取要约规定以外的形式和超出要约的条件买入被收购公司股票；被收购方不得未经批准对公司的资产、负债、权益或者经营成果造成重大影响，被收购方董事也不得辞职。

【案例】云南旅游（002059.SZ）

2017年4月14日，云南旅游通过证交所指定媒体公开披露了董事长辞职公告。4月19日披露更正公告称，3月11日华侨城云南公司公告了《要约收购报告书》，向云南旅游除云南世博旅游控股集团有限公司之外的其他所有股东发出全面要约收购，收购期间为2017年4月5日至5月4日。

根据《上市公司收购管理办法》第三十四条规定，在要约收购期间，被收购公司董事不得辞职。因此辞职报告未能生效，王某将继续履行董事长、董事职责。

另外，值得注意的是，收购人自作出要约收购提示性公告起60日内，未公告《要约收购报告书》的，收购人应当在期满后次一个工作日通知被收购公司并公告，此后每30日公告一次，直至公告《要约收购报告书》。收购人作出要约收购提示性公告后，在公告《要约收购报告书》之前，拟自行取消收购计划的，应当公告原因；自公告之日起12

个月内，该收购人不得再次对同一上市公司进行收购。

3.2.3 竞争性要约收购要点

竞争要约指的是两个或两个以上股东都提出要约收购方案竞争收购股份，其中想要继续坚持收购的股东可以借助改变收购条件的方式抢先使投资者接受要约。

初始要约收购人在竞争要约中改变要约的时点时，若离要约收购期限届满时间低于15日，则需要延长收购期限，延长的收购期限既不能低于15日也不能超过最后一个竞争要约的期满日，还要根据规定另行添加履约保证条款。

由于竞争要约的双方以竞争要约的方式获得要约需要付出的资金和时间等成本远远高于选择其他收购方式的成本，因此大多数情况下企业并不会选择竞争要约。

2017年11月2日，杭州浙民投天弘投资合伙企业公布《振兴生化股份有限公司要约收购报告书》，以获取ST生化控制权为目的，以36元/股的要约价格收购ST生化总股数的27.49%。本次要约收购的生效条件是：如果预受要约的股票申报数量没有在要约期限届满前最后一个交易日达到ST生化股份总数的22.50%（61320814股），那么本次要约收购自始不生效，不仅如此，收购人的一致行动人还将面临所持ST生化股份减少的情况。收购人浙民投天弘在签署《振兴生化股份有限公司要约收购报告书》之前并未有ST生化的任何股份，但其一致行动人浙民投和浙民投实业所持股份共有6852820股，是ST生化股份总数的

2.51%。

2017年11月28日，买卖双方（振兴集团与佳兆业子公司航运健康）就收购事项签订《投票权委托协议》《股份转让协议》《债务重组三方协议》。在收购结束后，航运健康凭借其持有的上市公司18.57%的股份和22.61%的投票权成为实际控股股东。

此次要约的截止日期为2017年12月5日，因为在收购期限内预受要约的股份数多于收购人预定收购数，所以此次要约收购生效。由于浙民投天弘及其一致行动人所持股份一共占ST生化总股份的30%，因此成为上市公司的第一大股东。

2017年12月15日，深交所管理部发布《关于对振兴生化股份有限公司的关注函》，要求航运健康就“进一步对比竞争性要约方式说明协议转让如何更具有确定性和时效性”问题作出回复。据此，航运健康从以下两个方面进行了回复：

（1）协议转让能够清晰规划解除标的股份的质押及冻结等问题，但竞争性要约收购缺乏清晰的计划；

（2）协议转让方式具有成本可控、操作明确、时效性强的优势，而竞争要约却可能存在恶性竞争、收购成本高的缺陷。

3.2.4　要约收购的注意事项

◆履约保证

依据《上市公司收购管理办法》，收购方所聘请的财务顾问应当对收购方收购目标公司股份的能力和可以提供的资金来源等进行详细调查，并将调查的具体过程和结果进行披露，以证明收购方具备对目标公司进行要约收购的能力。

收购方发布要约收购提示性公告时，需要提供能够证明自己履约能力的证据，具体如表3-1所示。

表 3-1 证明履约能力的证据

序号	证据
1	当收购方计划通过现金进行要约收购时，其需要提供收购总价款20%以上的现金作为履约保证金，并由证券登记结算机构指定的银行代为保管
2	当收购方计划以在证券交易所上市交易的证券用于收购价款支付的，其需要将计划用于支付的所有证券交由证券登记结算机构代为保管（上市公司发行的新股除外）
3	收购方所聘请的财务顾问应当出具承担连带保证责任的书面承诺，当收购方不能在要约期满后支付收购价款时，由财务顾问承担连带责任，对收购价格进行补足
4	指定的银行需要对要约收购所需价款出具保函

◆需载明事项

要约收购方提供的要约收购报告书应当载明以下事项：

- 收购方的基本信息，如果收购方为企业法人，那么应当提供准确的名称、注册地、与企业实际控制人以及控股股东之间的股权控制关系；如果收购方为个体，那么应当提供姓名、所在地等信息。
- 收购方具体的收购目的，以及是否计划在未来的12个月内对目标企业的股票进行增持。
- 目标公司的准确名称，以及收购股份的种类。
- 收购方计划收购的股份的数量以及在目标公司股份中的占比。
- 收购方提供的收购价格。
- 收购方需要提供的资金以及具体的资金来源等。

- 双方基于要约收购约定的条件。
- 具体的收购期限。
- 收购方公告收购报告书时所持有的目标公司的股份数量以及比例。
- 此次收购可能对目标企业造成的影响，比如收购方及其关联企业是否与目标企业存在持续关联交易、是否存在同业竞争或潜在的同业竞争等。
- 如果收购方及其关联企业与目标企业之间存在持续关联交易或同业竞争，收购方的应对计划。
- 收购方在未来12个月内对目标公司的公司章程、组织结构、人员、业务以及资产等进行调整的后续计划。
- 收购方及其关联企业在前24个月内与目标公司之间的重大交易。
- 收购方前6个月内通过证券交易所的证券交易买卖被收购公司股票的情况。
- 其他证监会要求披露的信息。

如果收购方发出的是针对目标公司的全面要约，则应当在要约收购报告书中对目标公司终止上市可能带来的风险、终止上市后的收购行为计划完成的时间以及针对持有目标公司剩余股份固定的后续安排等进行充分披露。如果收购方是以终止目标公司的上市地位为全面要约的目的，那么只需披露以上部分内容即可。

◆要约收购期间的行为限制

根据我国相关法律法规的规定，表3–2所示行为在要约收购期间应当被限制。

表3-2 要约收购期间限制的五种行为

序号	限制的行为
1	如果在要约生效前收购方未取得前置审批，则应当取消收购计划
2	如果收购人自行取消要约收购计划，那么在后续12个月内不得再收购同一家企业
3	收购方在要约承诺期限内不得撤销要约、不得减持或要约外增持
4	目标企业董事不得在要约收购期间辞职
5	目标企业在要约收购期间不得以担保贷款、调整业务、对外投资以及处置资产等方式，对企业的经营或资产产生重大影响

3.3 要约收购的潜在风险与案例解析

3.3.1 要约收购的审批及资金风险

要约收购涉及多个方面的内容，包括有权机关审批、资金筹集等。在整个交易架构中，倘若收购方在交易设计初期没有制定详尽的方案，没有综合考虑各种风险和因素，那么会导致其资金和时间成本增加，甚至最终导致交易失败。

【案例】沧州大化（600230.SH）

2018年10月25日，沧州大化间接控股股东中国农化与金浦东裕签订了《产权交易合同》，中国农化打算以42亿元价格将其持有的50.98%控股股东大化集团股权转让给金浦东裕，并支付12.61亿元（30%）首期对价款。为规避触发要约，在协议生效后30日内，金浦东裕将实现部分股份的处置，缩减上市公司的持股比例，从46.25%降至30%以内。基于金浦东裕公布的《详式权益变动报告书》，以分立大华集团的形式实现对股份方案的暂时处置。

2019年1月22日，经过国务院国有资产监督管理委员会批复，中国农化与金浦东裕的《产权交易合同》正式生效。因此，金浦东裕要在30日内做好大华集团分立方案，并要在180日内支付给中国农化29.42亿元（70%）剩余对价款。

然而，金浦东裕在股权收购的过程中并不顺利。截至2月21日（30日期限届满），金浦东裕没有实现持股比例降低到30%以下，也没有采取任何有效的措施。2月26日，上交所下发监管工作函。公司回复称，"由于收购人对本次交易的复杂性和特殊性认识不够充分"，使得收购人的股东权利无法有效行使，并变更原方案，把"协议生效后30日内完成减持或发出全面要约"变更为"在标的公司股权完成工商变更后30日内完成减持或发出全面要约"。

截至2019年7月15日，二期款付款期限届满，收购人自筹资金只有4.42亿元，还剩25亿元资金未筹齐，并购贷款计划随之落空。截至2019年9月14日，收购人承诺的交易期限届满，还未完成支付价款、股权过户和分立事项，金浦东裕才与中国农化签署了股权转让终止协议。

3.3.2 要约收购对股票价格的影响

一般而言，为顺利完成要约收购，相较于证券市场上标的股份的正常交易价格，要约价格通过会有一部分的溢价率，致使非持股人将从市场上买入的股票按照要约价格转让给收购方赚取价差的现象时常发生，从而促进股价上涨。然而，作为市场各项因素的综合反映，股价并不一定要实现持续的正向刺激。

【案例】冀东水泥（000401.SZ）

2018年9月21日，冀东水泥发布《要约收购报告书》，公告称，公司间接控股股东金隅集团自愿发起部分要约收购，预定收购67376146股上市公司股份，要约收购价格为11.68元/股，旨在进一步实现对冀东水泥的控制力。直至10月24日，要约收购期届满，共有195406809股接受要约，实际收购股份占预受股份的34.48%。

控股股东增持是对公司长期发展的信任，中小投资者受较高的收购溢价的吸引接受要约，能够正向刺激股价；而且，由于公司2018年三季报业绩良好，致使10月19日、22日的股价均实现大幅上涨。但是，受大盘走势、行业现状以及其他事件的影响，股价通常会呈现较大波动，因此要约收购预受量超过上限后，不能一概而论其股价的变动，需要综合考虑多方面影响因素。

3.3.3 要约收购导致潜在同业竞争

于同行业的横向要约收购或业务重叠的上下游企业的纵向要约收购而言，同业竞争可能加剧，影响公司正常的生产经营，容易成为证券交易所关注的对象。

【案例】爱建集团（600643.SH）

2017年6月2日，爱建集团披露要约收购书，广州基金（全称广州产业投资基金管理有限公司）计划以18元/股的价格收购爱建集团约30%股权，预计耗资77.61亿元。而仅仅四天后，6月6日，爱建集团就收到了来自上交所的问询函和监管函，要求广州基金就同业竞争、一致行动人是否合规等问题进行说明。

广州基金应上交所要求就要约收购事宜补充披露相关信息，表示确实存在或潜在同业竞争，相关承诺函已经签署，并也已出具相关解决措施，主要包括：上市公司主业不变、保持独立性，采用停止相关业务、纳入爱建集团及转让给第三方等方式规避同业竞争，进行资源整合，实施差异化战略等。

在要约收购过程中，全面调整了要约价格和预定收购数量，通过采用要约方式，收购人最终完成了6.47%的股份收购，收购人及其一致行动人共持有10.90%的上市公司股份。

要约收购中，需要变更及收购要约的要及时公告，明确具体变更事项后及时通知被收购公司；排除竞争要约，在收购要约期限届满前15日内，收购人不得对收购要约进行变更或修改；此外，收购人需要重大变更收购要约条件时，被收购公司董事会应当在3个工作日内公告董事会及独立财务顾问出具补充意见。

目前，A股证券市场正在扩大发展，实现与国际资本市场的接轨。市面上出现了越来越多的要约收购案例，这表明投资者对市场化的收购行为是满意和认可的，推动优化资源配置，理性投资、公开、平等等资本市场理念广受欢迎，杜绝了内幕交易、忽悠式重组，实现了资源浪费最小化。

3.3.4 接受要约股东未达到预定比例

根据《上市公司收购管理办法》第四十三条规定，“收购期限届满，发出部分要约的收购人应当按照收购要约约定的条件购买被收购公司股东预受的股份，预受要约股份的数量超过预定收购数量时，收购人应当按照同等比例收购预受要约的股份；以终止被收购公司上市地位为目的的，收购人应当按照收购要约约定的条件购买被收购公司股东预受的全部股份”。

【案例】南钢股份（600282.SH）

2003年3月12日，在南钢股份控股股东南钢集团与复星集团、复星产业投资及广信科技的共同推动下，南钢联合正式成立。其中，南钢集团以其所持有的70.95%南钢股份股权及其他资产负债出资，占有40%的股份。该交易实质上与上市公司收购行为有联属关系，属于全面要约义务的触发。

2003年6月12日，南钢联合公告《要约收购报告书》，打算分别以3.81元/股、5.86元/股的要约价格收购所有股东持有的国有法人股和流通股，南钢集团股东除外。

2003年7月12日，要约收购期满，南钢联合发出的收购要约未被公司股东接受。2003年7月25日，南钢股份顺利完成股权过户手续，南钢联合代替南钢集团成为上市公司的控股股东。

【案例】深天地A（000023.SZ）

2013年9月3日，深天地发布《要约收购报告书》，公告称，公司控股股东东部集团拟发出部分要约收购，以6.70元/股的要约价格收购公司10000000股股份，占公司总股本的7.21%，旨在进一步实现股权结构的稳定。

2013年10月2日，本次要约收购期满，持有192901股股份的4家股东接受要约，实际接受比例只在2%以下。依据《上市公司收购管理办法》，在本次部分要约中，最终预受要约股数未达到收购人预定收购数的，基于收购要约约定的条件，收购人购买被股东预受的192901股股份。

在要约收购期限届满3个交易日前，预受股东可以将预受要约撤回。收购期限届满时，收购人需要在约定的条件下购买股东预受的股份；将基于终止上市和未获得证监会豁免的全面要约排除在外，当预受要约股份的数量大于预定收购数量时，收购人需要在同等比例下完成收购。

3.4 基于新证券法的要约收购制度优化

3.4.1 我国要约收购制度演变

1990年12月19日，中国大陆第一家证券交易所——上海证券交易所正式营业。此后，我国的资本市场便伴随快速发展的经济日益成熟。与之对应的，是我国配套的证券市场制度也一步步从股权分置发展到全流通、从发行审批制升级到发行注册制。而上市公司要约收购制度作为证券市场制度的重要组成部分，也在不断变迁的过程中逐步完善起来。

由于股权分置改革对要约收购所具有的性质、属于的类别以及需要的审批程序等均具有直接影响，因此，有必要以股权分置改革为节点将我国要约收购制度的法律文件进行划分，具体如表3–3所示。

表3–3　我国要约收购制度的演变

阶段	时间	条款	对要约收购的影响
股权分置改革前	1993年4月	《股票发行与交易管理暂行条例》第四十八条	第一次立法确立要约收购制度
	1999年7月	《证券法》第八十一条	取消部分收购和预受要约，确立全面要约收购制度
	2002年12月	《上市公司收购管理办法》第三十四条	实行分类要约
股权分置改革后	2006年1月	《证券法》第八十八条第一款、第九十六条第一款；《上市公司收购管理办法》第二十三条	引入自愿性要约收购和部分要约收购制度
	2014年11月	《证券法》第八十九条、第九十一条	取消证监会对收购报告书的提前备案、审批制度
	2020年3月	《证券法》第六十三条第二款、第七十五条	强化要约收购信息披露、提高违法成本

◆我国要约收购制度法律体系的确立

由于我国内地最开始采用的要约收购制度照搬了我国香港地区的要约收购规则，所以其具有英国要约收购的核心，即采用的是强制性的要约收购。英国的要约收购制度最初制定的基本目的是保护机构投资者而非中小股东的利益，受特殊的历史条件所限制。而伴随着我国资本市场的日益成熟，我国的要约收购制度也在不断完善，如今已经基本被其他国家和地区所接受和认可。

1993年4月，我国国务院颁布了《股票发行与交易管理暂行条例》，这是我国与要约收购相关的最早立法。在《股票发行与交易管理暂行条例》的第四十八条中，明确规定了要约收购制度属于强制性全面要约收购制度。1999年7月1日，《中华人民共和国证券法》正式施行，其中也对上市公司的收购要约制度进行了明确的规范。此后，由于股权分置改革以及我国的并购市场仍然处于发展的过程中，要约收购制度也不断完善，如今已经形成了具有我国特色的要约收购法律体系。

关于要约收购法律法规的不断完善，一方面，是对与上市公司相关的要约收购行为进行规范，在要约收购的流程中对参与的双方进行有效的监督；另一方面，是由于已经出台的法律法规其制定的基础往往是已经产生的收购行为，对指导未来的收购行为而言具有一定的滞后性，因此需要政策的制定方基于资本市场的发展进程以及国外先进的要约收购制度等对我国的要约收购制度进行不断的更新和完善，从而促进我国并购交易市场的良性发展。

◆要约收购制度法律法规的修正

在2005年之前，由于我国所采用的要约收购制度并未针对我国资本市场特殊的股权分置格局进行相应的调整，因此，在具体的并购交易过程中难以取得预期的效果。

2005年8月23日，经国务院批准，中国证监会、国务院国资委、财政部、中国人民银行、商务部联合发布《关于上市公司股权分置改革的指导意见》；9月4日，中国证监会发布《上市公司股权分置改革管理办法》。自此，我国的股权分置改革全面铺开。而随着股权分置改革的推行，我国要约收购制度的发展也进入了新的阶段，资本市场中流通股与非流通股之间的差距逐渐缩小，而上市公司的股权收购价格则由市场所主导。

3.4.2 持有股份性质发生变化

2019年12月28日，十三届全国人大常委会第十五次会议审议通过了修订后的《中华人民共和国证券法》（简称新证券法），并于2020年3月1日起施行。新证券法由原先的240条简化为226条，并增加了关于信息披露和投资者保护的条文。在新证券法中，与上市公司收购制度相关的修订主要包括五个方面的内容。

下面我们首先分析要约收购中关于持有股份性质的变化。

依据原证券法的相关规定，收购方进行要约收购的触发线为“持有一个上市公司已发行的股份达到百分之三十”；而在新证券法的第六十五条中规定，收购方进行要约收购的触发线为“持有一个上市公司已发行的有表决权股份达到百分之三十”。其中，对于收购方需持有的股份性质进一步明确，强调为“有表决权股份”。

这是因为在以往的上市公司收购案例中，存在持有目标企业股份的股东通过放弃表决权或委托协议的方式而转移所拥有的表决权的情况。在这样的情形当中，虽然表面上看股东所持有的股份比例未发生变化，但实际上原股东所拥有的对目标企业的控制权已经被削弱。所以，此时收购方所拥有的目标公司的股份指标也就不再满足，无须履行“要约收购”的法定程序。由此可见，原证券法中对于收购人股份指标的要求存在明显的漏洞。

而新证券法要约收购的触发线修订为“持有一个上市公司已发行的有表决权股份达到百分之三十”后，能够在一定程度上避免限售承诺、限售义务的实际控制人、控股股东转移控制权，并减少上市公司实际控制人或大股东规避信息披露义务、滥用表决权委托以及企图隐瞒一致行动关系等可能损害中小股东利益的行为的发生。

3.4.3 大额持股信息披露要求

虽然在2014年修正的《中华人民共和国证券法》中已经对大额持股信息相关的披露制度进行了规定，不过新证券法在原有规则的基础上，将目标企业持股人的报告和公告义务进行了更加严格的规定。具体的修订内容包括：

- 调整的披露要求包括两点：其一，将监管对象明确为具有表决权的股份；其二，对于收购方5%持股以后变动达到5%的，需要延长1天的限制交易期间。
- 新增的披露要求包括三点：其一，对于收购方触及5%临界点的情形，增加对于持股增减变化达到1%的通知和公告；其二，关于持股变动的方式和时间、增持股份的资金来源的披露需要加入公告的内容当中；其三，对于违规购买的股份，需要遵守三年的表决权限制。

新证券法中加强对于大额持股信息披露的要求，主要的目的在于使信息更加透明，以便于目标企业的中小股东可以在要约收购的过程中及时获得知情权并自主进行选择。尤其新证券法新增公告义务的持股变动仅为1%，更是为了尽可能阻止妄图利用制度漏洞损害中小股东利益的恶意收购行为。

3.4.4 取消豁免要约收购义务

对于持股人拥有目标公司股票达到30%而触发强制要约的情形，原证券法第九十六条规定“经国务院证券监督管理机构免除发出要约的除外”，而新证券法第七十三条则将对应的内容修改为“按照国务院证券监督管理机构的规定免除发出要约的除外”。

也就是说，虽然两版证券法都规定具备一定的条件才能免除强制要约义务，但修订后的新证券法不再对证监会的行政许可进行强制要求。对取消豁免要约义务的审批程序进行修订后，上市企业对于持股股东豁免要约义务的效率便相应得到了极大的提升。而且新证券法也进一步扩大了豁免要约义务的范围，这些都在一定程度上体现了证监会简政放权的市场化回应。

【案例】秦川机床（000837.SZ）

以秦川机床为例，该企业的持股股东因权益变动触发的要约收购义务豁免，正属于“五项申请豁免”之一的“国有股份无偿划转”。如果按照原证券法的规定，其进行行政审批需要履行一定程序，这也就意味着收购人需要等待一到两个月的时间。而持股股东法士特集团于2020年3月20日披露收购报告书摘要，在此前的3月1日新证券法已经正式实施，所以免于行政审批。于是，3月28日，收购报告书全文以及财务顾问专业意见和律师出具的法律意见书便得以披露。新规的“提速效应”显而易见。

3.4.5　增加表决权差异化安排

新证券法及时增加了关于表决权差异化安排的内容，第六十九条明确规定：“上市公司发行不同种类股份的，收购人可以针对不同种类股份提出不同的收购条件。”此前，我国科创板市场所发行的A类和B类股份在表决权方面已经具有差异化安排（如表3–4所示），而基于科创板的试点和经验，以及《全国中小企业股份转让系统挂牌公司治理指引第3号——表决权差异安排》的发布，都将推进表决权差异化在新三板的落地实施。

表3–4　科创板表决权差异化实施细则

<table>
<tr><th>种类</th><th>表决权利</th><th>适用范围</th><th>具体限制</th></tr>
<tr><td rowspan="2">A类股份</td><td>10倍于B类股份</td><td>公司生产经营管理方面</td><td rowspan="2">（1）不可增发；
（2）不能在二级市场交易，转让后为普通股；
（3）特定情况下的强制转换；
（4）普遍表决权比例不得低于10%</td></tr>
<tr><td>普通表决权</td><td>章程规定范围外的其他重大事项</td></tr>
<tr><td>B类股份</td><td>普通表决权</td><td>普遍适用</td><td>无</td></tr>
</table>

实际上，新证券法关于及时增加表决权差异化安排的内容，与科创板上市企业的双重股权架构逻辑一致，不过由于根据相关规定科创板具有特别表决权的股票不得在二级市场交易，且参考美国等国家关于特别表决权的股票也没有上市的情况，所以新证券法的这一内容并不适用于主动要约收购特别表决权股份的情形。

此外，为了保护目标企业的中小股东不因要约条款的改变而利益受损，新证券法第六十八条对于变更要约收购条件的要约方补充了新的禁止性规定，要求要约方在收购期间不得进行不利于潜在受要约方的要约期限、数量以及价格等方面的调整。

3.4.6 加大违法违规处罚力度

除以上提到的内容外，新证券法还加大了对要约收购违法违规的处罚力度，针对收购方未按规定履行的短线交易、违规购入股票、发出公开要约义务以及信息披露等采取更为严厉的处罚。具体的处罚方式主要包括行政罚款和行为限制两个方面。

行政罚款方面

对于要约收购过程中可能存在的违规违法行为，比如未按规定进行信息披露或发出公告，新证券法的第一百九十六条以及第一百九十七条等明确进行了规定，相比原证券法，处罚力度明显提高，如表3–5所示。

表 3–5 修订前后关于要约收购违法行为的处罚对比

违法行为	法律条款	处罚
收购人未按规定履行上市公司收购的公告、发出收购要约的义务	2014年证券法第二百一十三条、第二百一十四条	对收购人/信息披露义务人处十万元以上三十万元以下罚款；对直接负责的主管人员和其他直接责任人处三万元以上三十万元以下罚款
	2020年证券法第一百九十六条	对收购人/信息披露义务人处五十万元以上五百万元以下罚款；对直接负责的主管人员和其他直接责任人处二十万元以上二百万元以下罚款
信息披露义务人未按规定报送有关报告或履行信息披露义务	2014年证券法第一百九十三条	对收购人/信息披露义务人处三十万元以上六十万元以下罚款；对直接负责的主管人员和其他直接责任人处三万元以上三十万元以下罚款

续表

违法行为	法律条款	处罚
信息披露义务人未按规定报送有关报告或履行信息披露义务	2020年证券法第一百九十七条	对收购人/信息披露义务人处五十万元以上五百万元以下罚款；对直接负责的主管人员和其他直接责任人处二十万元以上二百万元以下罚款
信息披露义务人报送的报告或披露的信息有虚假记载、误导性陈述或重大遗漏	2014年证券法第一百九十三条	对收购人/信息披露义务人处三十万元以上六十万元以下罚款；对直接负责的主管人员和其他直接责任人处三万元以上三十万元以下罚款
	2020年证券法第一百九十七条	对收购人/信息披露义务人处一百万元以上一千万元以下罚款；对直接负责的主管人员和其他直接责任人处五十万元以上五百万元以下罚款

行为限制方面

对于要约收购过程中已经购入股份的，新证券法也从行为限制方面对其加大了处罚力度，比如：

- 限制表决权：新证券法第六十三条规定：对于违规购入超出规定比例的股票在三年内不得行使表决权。此规定在认可收购行为相应财产权利的有效性的基础上对其违规违法行为进行限制，维护了市场交易秩序。
- 锁定期：新证券法第七十五条将收购完成的限制转让期限由“十二个月”延长至“十八个月”。

从我国要约收购制度的演变历程中不难发现，我国的相关立法一直致力于保护中小投资者的利益，采取严厉的处罚措施强化对收购方的约束和监管。在保证市场交易效率的同时，堵住通过恶意违规的收购措施而夺取目标控制权的制度漏洞。

第4章 协议收购

4.1 协议收购的运作模式与操作程序

4.1.1 协议收购的概念特征

协议收购是指收购人与目标公司的股东或管理层私下协商收购价格、收购条件、收购期限及其他规定事项，协商一致后达成收购目标公司股份的收购协议。收购协议达成前，必须事先经过目标公司的股东或管理层同意转让股权，并达成书面股权转让协议。

协议收购的特点

上市公司协议收购主要有以下特点：

（1）上市公司协议收购与普通的股票交易最大的区别在于，上市公司协议收购在证券交易场所之外进行。收购人与目标上市公司的股东在证券交易场所之外私下进行收购协议的磋商、谈判和签署，这容易造成中小股东与大股东信息的不对称问题，也是协议收购强调信息披露的主要原因。

（2）上市公司协议收购不需要征得目标公司管理层的同意，收购方和目标公司股东是协议收购的主体，而目标公司的管理层不属于协议收购的主体，因此，不需要经过目标公司管理层的同意。

（3）上市公司协议收购的主要目的是控制目标公司，获得掌控权。获取股息、红利或是通过证券交易市场上的买卖来赚取差价是普通投资者购买股票的目的。与此相比，收购人协议收购股份不属于一般的投资行为，其主要目的是获取达到控制该目标公司所需要的股份数量。

协议收购是上市公司控制权收购的主流

《上市公司收购管理办法》第五条规定："收购人可以通过取得股份的方式成为一个上市公司的控股股东，可以通过投资关系、协议、其他安排的途径成为一个上市公司的实际控制人，也可以同时采取上述方式和途径取得上市公司控制权。"

根据中国证券登记结算有限公司发布的《上市公司流通股协议转让业务办理暂行规则》第三条和《上海证券交易所上市公司股份协议转让业务办理指引》第五条、《深圳证券交易所上市公司股份协议转让业务办理指引》第四条规定，符合规定情况的协议转让可以申请通过证券交易所和结算公司办理流通股转让手续。从法律法规及交易所规则上讲，上市公司收购可以利用协议转让的方式来实现。相比较来说，协议收购的方式简化了获取上市公司控制权的程序，更容易实现上市公司控制权的快速、平稳过渡。

最主要的是，协议收购基于定价规则收购，其收购价格具有一定的可控性，便于收购方安排资金。收购方直接与上市公司的控股股东、实际控制人或者大额持股股东对接，收购时不受二级市场股价波动的影响，很容易收购成功。协议收购又是善意收购，是收购方与上市公司股东一致协商转让价格、股份转让、交易方式、交割及过户手续的过程。收购方与上市公司控股股东充分协商好后，合理安排变更上市公司的控制权，与既有上市公司控股股东、实际控制人不存在收购与反收购的对立面。

从实际看来，协议收购也是收购方与管理层充分协商后形成的一种控制权转让方式。具体来说，就是我国上市公司不存在管理层中心主义，即管理层与控股股东、实际控制人不分离，控股股东、实际控制人在一定情况下决定着上市公司管理层人员的选任。相对于要约收购和集中竞价增持获得控制权，协议收购有特定的交易对象，收购方式非公开，主要在私下进行，交易过程和方案稳定性更强。

4.1.2 协议收购的操作流程

上市公司协议收购的操作程序包括以下八个步骤。

收购双方协商收购事宜

收购方和目标公司的股东是收购协议的当事人。但是一般而言，收购方进行收购之前，通常先向目标公司董事会提出收购意见，收购方和目标公司董事会磋商、谈判收购事宜，最后达成一致的收购意见。

在大多数情况下，收购方和目标公司通常是秘密进行这些工作事项，因此，协议收购一般都是善意收购。

征得被收购股权所有人的同意及向有关主管部门申请批准转让

《上市公司收购管理办法》第四条规定：“上市公司的收购及相关股份权益变动活动涉及国家产业政策、行业准入、国有股份转让等事项，需要取得国家相关部门批准的，应当在取得批准后进行。外国投资者进行上市公司的收购及相关股份权益变动活动的，应当取得国家相关部门的批准，适用中国法律，服从中国的司法、仲裁管辖。”

因此，股权转让协议如若涉及国家股或者国有法人股，必须向专门的国有资产管理部门提出报告，申请批准。

此外，涉及某些特殊股份的转让时，必须在征得有关部门的批准后进行。以外资股为例，在转让股份为外资股时，必须事先征求外资管理部门的批准，外资管理部门批准后方可进行股份转让。另外，如果转让的股份是非国有性质的，那么持股人及其所有人只需征求持股股东的同意即可。

签订股权收购协议

股权转让协议作为以股权转让为内容的合同，是上市公司收购股权最重要的法律文件。股权转让协议中应该体现协议双方当事人约定收购股份的数量、期限、价格和履约方式、双方的权利和义务等内容。

股权收购协议秉承了有限的意思自治原则，仅限在证券法律允许的范围内，协议双方进行自由协商。双方的协议内容一旦超出相关证券法的强制性范围，那么这些条款则作废。例如，上述的发起人所持有的股份在公司成立后3年内不得转让的规定等。

编制上市收购报告书及摘要提示性公告

《上市公司收购管理办法》第四十八条规定：“以协议方式收购上市公司股份超过30%，收购人拟依据本办法第六十二条，第六十三条第一款第（一）项、第（二）项、第（十）项的规定免于发出要约的，应当在与上市公司股东达成收购协议之日起3日内编制上市公司收购报告书，通知被收购公司，并公告上市公司收购报告书摘要。”

要约豁免

（1）要约豁免的“普通程序”。

要约豁免的“普通程序”是指《上市公司收购管理办法》规定的“提出免于以要约方式增持股份的申请”。适用普通程序的情形，按照规定包括三种，如表4-1所示。

表4-1 适用普通程序的情形

适用情形	具体内容
同一控制下转股	收购人与出让人能够证明本次股份转让是在同一实际控制人控制的不同主体之间进行，未导致上市公司的实际控制人发生变化
财务困难重组	上市公司面临严重财务困难，收购人提出的挽救公司的重组方案取得该公司股东大会批准，且收购人承诺3年内不转让其在该公司所拥有的权益
其他情形	中国证监会为适应证券市场发展变化和保护投资者合法权益的需要而认定的其他情形

（2）要约豁免的“简易程序”。

要约豁免的“简易程序”是指《上市公司收购管理办法》规定的“提出免于发出要约的申请”。

“普通程序”和“简易程序”存在细微的区别，主要在于普通程序由证监会正式受理并决定是否豁免，成功豁免的，收购人可以实现本次增持行为；而对于简易程序而言，只要证监会在规定时间未提出异议，相关投资者就可以直接向证券交易所和证券登记结算机构提出申请，从而办理股份转让和过户登记手续。

适用简易程序的情形，按照规定包括三种，如表4–2所示。

表 4–2　适用简易程序的情形

适用情形	具体内容
国有资产无偿划转、变更、合并	经政府或者国有资产管理部门批准进行国有资产无偿划转、变更、合并，导致投资者在一个上市公司中拥有权益的股份占该公司已发行股份的比例超过30%
回购股份额超过30%	因上市公司按照股东大会批准的确定价格向特定股东回购股份而减少股本，导致投资者在该公司中拥有权益的股份超过该公司已发行股份的30%
其他情形	中国证监会为适应证券市场发展变化和保护投资者合法权益的需要而认定的其他情形

收购人公告

《上市公司收购管理办法》第四十八条规定："收购人应当在收购报告书摘要公告后5日内，公告其收购报告书、财务顾问专业意见和律师出具的法律意见书。"

股权转让及过户登记

《上市公司收购管理办法》第五十四条规定："协议收购的相关当事人应当向证券登记结算机构申请办理拟转让股份的临时保管手续，并可以将用于支付的现金存放于证券登记结算机构指定的银行。"

第五十五条规定："收购报告书公告后，相关当事人应当按照证券交易所和证券登记结算机构的业务规则，在证券交易所就本次股份转让予以确认后，凭全部转让款项存放于双方认可的银行账户的证明，向证券登记结算机构申请解除拟协议转让股票的临时保管，并办理过户登记手续。

收购人未按规定履行报告、公告义务，或者未按规定提出申请的，证券交易所和证券登记结算机构不予办理股份转让和过户登记手续。

收购人在收购报告书公告后30日内仍未完成相关股份过户手续的，应当立即作出公告，说明理由；在未完成相关股份过户期间，应当每隔30日公告相关股份过户办理进展情况。”

股权转让完成后公告及报告

股权转让完成后3日内，收购人需要将收购情况的书面报告报送证监会，同时抄送证券交易所，并通知被收购公司。

4.1.3　协议收购的四种模式

直接协议转让模式

即上市公司第一大股东或控股股东将其拥有的上市公司无限售条件股份直接转让给收购方的过程。该种模式明确直接更换上市公司控制权，与此同时，基于安排，新控股股东、实际控制人再重新调整上市公司董事会、监事会和管理层，在双方的统一安排下，顺利变更上市公司的控制权和控制方式。

正常而言，该种收购模式凭借与上市公司协议收购的优势相契合，而且具有方便快捷、交易结构简单明了的特点，本应该作为协议收购的主流进行，但却受到了《公司法》《证券法》，中国证监会制定的《上市公司收购管理办法》《上市公司股东、董监高减持股份若干规定》《上市公司重大资产重组管理办法》和证交所制定的各种股份锁定规则的限制，在发起人股东、控股股东或实际控制人、董监高等各种锁定期的规定下无法推进实现。总之，此种直接交易的方式往往无法作为协议收购的主流模式，只能作为组合模式中的基本交易元素。

定增协议收购模式

此种模式是指上市公司向收购方定向增发股票，收购方把现金、股权或其他非货币性资产当作对价支付给上市公司的过程。上市公司现有大股东或控股股东不谋求控制权、上市公司股权结构比较分散、增持人现金充足这三种情形比较适用定增协议收购模式。

2020年9月16日，达华智能集团（002512.SZ）发布公告称，公司打算以4.60元/股向福建天志非公开发行2.52亿元股票，本次定增实施完毕后，公司控股股东将由蔡小如变更为福建天志，而福建天志与陈融圣、李馨菲所控股的企业有联属关系。本次股票发行前，蔡小如是达华智能公司的实际控制人，而本次股票发行后，陈融圣、李馨菲则将成为上市公司的实际控制人。

委托投票模式

即上市公司作为第一大股东或者控股股东，把无限售股份的表决权委托于拟受让人行使，以便转移上市公司的实际控制权。其核心是上市公司股份的转让，因此，这种模式很少单独转让上市公司的控制权。

“协议转让+表决权委托”组合模式

上市公司原控股股东委托表决权，究其原因，主要是原控股股东受其他锁定股份的影响，或者其正处于上市公司的董监高（上市公司董事、监事和高级管理人员）职位，深受《证券法》《公司法》以及证监会规章、交易所规则的制约，原控股股东仍拥有限售期内的上市公司股份，不能一次性转让股份协议，或转让方股份正处于质押状态，贷款未还清之前无法办理过户，因此只能采用“协议转让+表决权委托”或其他相关的组合模式，以实现受让方对上市公司的控制。

此种模式先基于实现上市公司第一大股东或控股股东对相关无限售股份的转让，再基于转让人将股东表决权委托给拟受让人行使的方式转让限售部分股份，以便于转移上市公司的实际控制权。该种模式的转让有效补充、调整了直接协议转让模式，成为当前上市公司控制权转让的主流。

4.1.4 协议收购的典型案例

【案例1】吉峰科技（300022.SZ）

2020年8月29日，拓展公司与吉峰科技签署《股份认购协议》，与此同时，吉峰科技股东王新明、山南神宇与四川特驱签署了《股份转让协议》，王新明、王红艳、山南神宇又与四川特驱签署了《表决权委托协议》。王新明、山南神宇将其持有的22892649股股份（占公司总股本的6.02%）转让给四川特驱；王新明及一致行动人王红艳、山南神宇将其合计持有的90712595股（含上述22892649股）吉峰科技股份（占公司总股本的23.86%）对应的表决权全部委托给四川特驱行使。完成上述股权协议后，汪辉武成为吉峰科技的实际控制人。

吉峰科技在转让控制权的过程中，协议转让的股份只占6.02%，而利用表决权委托的方式转让的股份占23.86%。但是，本次表决权委托实现了双方股份转让的过渡。四川特驱及汪辉武在持有上市公司控制权后，及时实施定向增发方案，顺利完成表决权委托的替换。

基于附件生效的《股份认购协议》，拓展公司采用现金全额的方式认购吉峰科技本次向特定对象发行的股份，其中认购了11400万股（最终认购数量以中国证监会注册文件的要求为准）A股股票，在本次发行前上市公司总股本中占29.98%，发行价格在定价基准日前20个交易日公司股票交易均价的80%及其以上，即3.96元/股。本次对特定对象股票发行结束后，将自动解除上述表决权委托。完成上述6.02%的股权转让和本次对特定对象的股票发行后，四川特驱及拓展公司将分别持有22892649股、114000000股上市公司的股份，并分别占有4.63%、23.07%的持股比例，合计共持有27.70%的上市公司的股份。公司的实际控制人仍然是汪辉武。本次向特定对象发行股份将不会改变公司的控制权。

【案例2】安德利（603031.SH）

与前面案例有所不同的是，安徽安德利百货股份有限公司（以下简称“公司”或“安德利”或“上市公司”）控股股东利用表决权委托的原因，在于其每年不得转让超过持股比例25%的限制。基于此：

2019年11月4日，安德利公司股东陈学高与合肥荣新签署了《股份转让协议》，即陈学高把其持有的14380800股安德利股份（占公司股份总数的12.84%）转让于合肥荣新，在本次股份协议转让完成后，陈学高承诺将其剩余全部股份表决权放弃，并为此出具了《放弃股份表决权的承诺函》。本次股份转让前，陈学高持有57539996股上市公司股份，占上市公司股本总额的51.37%，而合肥荣新未持有安德利公司股份。本次股份转让完成后，陈学高将持有43159196股公司股份，占公司股份总额的38.53%，合肥荣新将持有14380800股安德利公司股份，占安德利公司股份总额的12.84%。同时，本次权益变动后，合肥荣新将直接持有12.84%的上市公司股份，陈学高放弃其所持有43159196股上市公司股份对应的表决权，合肥荣新则成为上市公司的控股股东，袁永刚、王文娟夫妇由此也成为上市公司的实际控制人。

为了稳定控制权，促使原控股股东顺利退出上市公司股权，陈学高从限售比例规则出发，分两次转移其控制权。

2020年5月19日，秦大乾与陈学高签署了《股份转让协议》，约定信息披露义务人秦大乾采用协议转让的方式受让陈学高持有的10785600股安德利无限售条件流通股，占上市公司股本总额的9.63%。

2020年9月16日，安德利收到了控股股东合肥荣新股权投资基金合伙企业的通知，通知称在2020年9月15日，荣新基金与公司股东秦大乾签署了《表决权委托协议》，秦大乾将其持有的10785600股安德利股份（占上市公司总股本的9.63%）对应的投票表决权委托给了荣新基金行使。

4.2　协议收购的合规要点与实战攻略

4.2.1　收购价格的合规要点

在本部分内容中，我们主要围绕协议收购中重点关注的定价、定量、表决权安排组合、过渡期要求等要点展开剖析，以期交易双方能够对上市公司协议收购的相关事项有初步认识和概括了解。下面我们首先对协议收购价格的规定进行简单分析。

上海证券交易所关于收购价格的规定

根据《上海证券交易所上市公司股份协议转让业务办理指引》《上海证券交易所交易规则》《上海证券交易所科创板股票交易特别规定》等相关规则，上市公司协议收购的价格参考大宗交易价格确定下限，不设上限。

深圳证券交易所关于收购价格的规定

根据《深圳证券交易所上市公司股份协议转让业务办理指引（2021年修订）》等相关规则，上市公司协议收购的价格以协议签署日的前一交易日转让股份二级市场收盘价为定价基准，参考大宗交易价格确定下限。

国有股东的特别规定

如出售方为国有股东，则协议转让的价格还需符合《上市公司国有股权监督管理办法》（“36号令”）规定的定价原则和定价下限。

《上市公司国有股权监督管理办法》第三十二条，国有股东非公开协议转让上市公司股份的价格不得低于下列两者之中的较高者：

（1）提示性公告日前30个交易日的每日加权平均价格的算术平均值；

（2）最近一个会计年度上市公司经审计的每股净资产值。

《上市公司国有股权监督管理办法》第三十三条，国有股东非公开协议转让上市公司股份存在下列特殊情形的，可按以下原则确定股份转让价格：

（1）国有股东为实施资源整合或重组上市公司，并在其所持上市公司股份转让完成后全部回购上市公司主业资产的，股份转让价格由国有股东根据中介机构出具的该上市公司股票价格的合理估值结果确定；

（2）为实施国有资源整合或资产重组，在国有股东之间转让且上市公司中的国有权益并不因此减少的，股份转让价格应当根据上市公司股票的每股净资产值、净资产收益率、合理的市盈率等因素合理确定。

4.2.2 收购比例的合规要点

根据沪深交易所的相关规则，协议转让股份数量不低于上市公司境内外发行股份总数的5%，单个受让方的受让比例不得低于5%（转让双方存在实际控制关系、均受同一控制人所控制等情况除外）。

上海证券交易所的规则依据

根据《上海证券交易所上市公司股份协议转让业务办理指引（2021年修订）》第六条的规定："单个受让方的受让比例不低于公司股份总数的5%，转让双方存在实际控制关系、均受同一控制人所控制及法律、行政法规、部门规章、规范性文件另有规定的除外。"

深圳证券交易所的规则依据

根据《深圳证券交易所上市公司股份协议转让业务办理指引（2021年修订）》第七条规定："上市公司股东通过协议转让方式转让股份的，单个受让方的受让比例不得低于5%，转让双方存在实际控制关系、均受同一控制人所控制、与上市公司收购相关、有权机关认定或者法律法规另有规定的除外。"

第六条规定："具有下列情形之一的，可以向本所提交协议转让办理申请：

（1）转让股份数量不低于上市公司境内外发行股份总数 5%的协议转让；

（2）因自然人、法人或其他主体对公司持股 50%以上，或根据中国证监会有关规定构成实际控制关系或均受同一控制人所控制的协议转让，转让股份数量不受前项不低于5%的限制。"

收购人拟通过协议方式收购一个上市公司的股份，超过30%的部分，会触发强制要约收购义务（符合法定豁免强制要约的除外）。由此，收购方通常会根据上市公司股权集中度选择合适的收购比例，尽量避免产生要约收购义务。

4.2.3　股权转让的过户手续

协议收购相关当事人完成上述程序之后，进入协议履行阶段。双方应当按照协议中约定的关于拟转让的股份的数量、价格、支付方式、履行期限等规定履行收购协议。

当事人还应当按照证券交易所和证券登记结算机构的业务规则和要

求，申请办理股份转让和过户登记手续：

（1）公告上市公司收购报告书后，相关当事人应当委托证券公司申请办理股份转让和过户登记手续；接受委托的证券公司应当向证券交易所和证券登记结算机构申请拟收购部分股份的暂停交易和临时保管；予以暂停交易和临时保管的，应当作出公告；证券交易所可以根据证券市场管理的需要，作出被收购公司挂牌交易股票暂停交易的决定；证券交易所在收到股份转让申请后三个工作日内完成审核，对所申请的股份转让作出予以确认或者不予确认的决定。

（2）证券交易所对所申请的股份转让予以确认的，由接受委托的证券公司代表转让双方向证券登记结算机构申请办理股份过户登记手续，受让人在过户登记手续完成后二个工作日内作出公告。证券交易所不予确认的，接受委托的证券公司应当在收到证券交易所通知的当日，将不予确认的决定通知转让双方和被收购公司，并代表转让双方向证券登记结算机构申请解除对该部分股票的临时保管；出让人应当在获悉不予确认决定后二个工作日内作出公告。

（3）股份转让过户登记手续完成后，由接受委托的证券公司代表受让人向证券登记结算机构申请解除该部分股票的临时保管，受让人在提出解除保管申请后的二个工作日内作出公告，该部分股票在证券交易所恢复交易。

4.2.4 收购过渡期行为规范

《上市公司收购管理办法》第五十二条规定："以协议方式进行上市公司收购的，自签订收购协议起至相关股份完成过户的期间为上市公司收购过渡期（以下简称过渡期）。在过渡期内，收购人不得通过控股股东提议改选上市公司董事会，确有充分理由改选董事会的，来自收购人的董事不得超过董事会成员的1/3；被收购公司不得为收购人及其关联方提供担保；被收购公司不得公开发行股份募集资金，不得进行重大购买、出售资产及重大投资行为或者与收购人及其关联方进行其他关联交易，但收购人为挽救陷入危机或者面临严重财务困难的上市公司的情形除外。”

综上所述，协议收购是收购方与上市公司股东意思充分自治的结果，在转让价格、转让比例、交易方式、表决权安排、公司治理安排等方面具有较大的灵活性，对于收购方来说，在遵守定价规则的情况下其价格和资金安排具有一定的可控性，交易过程和方案相对稳定。同时，交易各方需要严格遵守《上市公司收购管理办法》的规定及交易所《上市公司股份协议转让业务办理指引》等相关规则、指南的要求，规范协议收购行为，及时履行信息披露义务。

4.3　间接收购的操作实务与流程攻略

4.3.1　间接收购的概念特征

上市公司间接收购指的是收购方利用投资者关系、协议或其他安排，在自身并不是目标公司的控股股东的情况下获取上市公司5%~30%的已发行股份的收购行为。

收购人实施收购行为时有多种方式可供选择，既可以直接收购上市公司的股份取得公司的控股权，也可以借助投资关系、协议、其他安排等途径实现对上市公司的控制。

间接收购不仅是我国上市公司常用的收购形式，也常常被外商用来收购我国企业。外商可以根据我国国家发展和改革委员会发布的《外商投资产业指导目录》找到鼓励外商投资的产业，对于上市公司，外商可以用整体买断的方式将其变为外商独资企业或用部分买断的方式对其进行投资，进而获得该公司的控股权。

对比直接收购，间接收购的特点如下：

（1）间接收购的收购人并非目标上市公司的控股股东。直接收购的收购人往往通过直接大量购入目标公司的股份的方式成为目标公司的大股东；但间接收购的收购人并没有将成为目标公司的股东列入计划中，而是以成为目标公司的控股公司的控股股东的方式间接控制目标公司。

（2）间接收购的收购人以控制目标公司股东的方式控制目标公司。结合上一特点不难发现，采用直接收购的方式的收购人在收购后就直接拥有对目标公司的控制权；采用间接收购的方式的收购人无法直接控制目标公司，但可以控制目标公司的控股股东，间接完成对目标公司的提案、表决等操作。

（3）间接收购活动相对隐蔽。如果收购方采取间接收购的方式收购上市公司，那么不会改变该上市公司的股东名单、股权结构等，相关的变化只出现在上游公司中，一般来说，这些上游公司并非上市公司，信息并不公开，因此间接收购活动也相对隐蔽。

4.3.2 间接收购的主要方式

间接收购有多样且多变的收购方式可以灵活运用在实际的收购活动中。其中，被收购方广泛使用的有以下几种：直接收购大股东股权、向大股东增资扩股、出资与大股东成立合资公司以及托管大股东股权。

（1）直接收购大股东股权。这种间接收购方式在实际操作中的应用最为广泛。运用这种收购方式时，收购人通过直接收购上市公司大股东所持股权来控制大股东，进而做到间接控制上市公司，收购人也要付出实际的现金用于上市公司大股东控股方股权的转让。

（2）向大股东增资扩股。收购方以向上市公司母公司增资扩股的方式成为它的大股东，进而控制该上市公司母公司，达到间接控制该上市公司的目的。使用这种收购方式的收购人无须付出实际的现金，在把握自身资金的同时还能掌控公司的控制权。

（3）出资与大股东成立合资公司。收购方出资和上市公司母公司的控股股东共同创立由收购方控股的新上市公司。由于新上市公司由收购方控股，因此收购方能够间接控制上市公司。收购方与大股东合作成立合资公司与向大股东增资扩股相比，本质是大同小异的，也可以看作以另一种形式向大股东增资扩股。

（4）托管大股东股权。在这种收购方式中，收购人只是受大股东委托，代为管理大股东所持有的上市公司股份并行使相关权利，从某种意义上来说，收购人也实现了对上市公司的控制。一般来说，只有在一些特殊情况下大股东才会以托管自身股权的方式来进行并购，因为这意味着大股东正在筹划股权转让的相关事宜。当上市公司还未通过各相关管理部门的审批时，通常会引入重组方预先转让公司控制权，为收购方顺利接管公司而预先让其参与上市公司的管理、整合和其他相关工作。提前转让实际控制权对于战略并购来说有着极大的积极作用，上市公司大股东运用这种并购方式促进了收购人间接收购的完成。

4.3.3 间接收购的操作程序

间接收购是上市公司收购中的一种，因此，企业在进行间接收购时必须严格遵守《上市公司收购管理办法》等相关规定。

间接收购的权益披露

《上市公司收购管理办法》第五十六条规定："收购人虽不是上市公司的股东，但通过投资关系、协议、其他安排导致其拥有权益的股份达到或者超过一个上市公司已发行股份的5%未超过30%的，应当按照本办法第二章的规定办理。"也就是说，当投资者间接持股达到或超过5%时，应履行向有关部门报告的义务和公示义务。

（1）初始披露。

《上市公司收购管理办法》第十三条规定："通过证券交易所的证券交易，投资者及其一致行动人拥有权益的股份达到一个上市公司已发行股份的5%时，应当在该事实发生之日起3日内编制权益变动报告书，向中国证监会、证券交易所提交书面报告，通知该上市公司，并予公告；在上述期限内，不得再行买卖该上市公司的股票，但中国证监会规定的情形除外。"

（2）持股变动持续披露。

《上市公司收购管理办法》第十三条规定："投资者及其一致行动人

拥有权益的股份达到一个上市公司已发行股份的5%后，通过证券交易所的证券交易，其拥有权益的股份占该上市公司已发行股份的比例每增加或者减少5%，应当依照规定进行报告和公告。在该事实发生之日起至公告后3日内，不得再行买卖该上市公司的股票，但中国证监会规定的情形除外。”

持股达到30%的强制要约

《上市公司收购管理办法》第五十六条规定：“收购人拥有权益的股份超过该公司已发行股份的30%的，应当向该公司所有股东发出全面要约；收购人预计无法在事实发生之日起30日内发出全面要约的，应当在前述30日内促使其控制的股东将所持有的上市公司股份减持至30%或者30%以下，并自减持之日起2个工作日内予以公告；其后收购人或者其控制的股东拟继续增持的，应当采取要约方式；拟依据本办法第六章的规定免于发出要约的，应当按照本办法第四十八条的规定办理。”

《上市公司收购管理办法》第五十七条规定：“投资者虽不是上市公司的股东，但通过投资关系取得对上市公司股东的控制权，而受其支配的上市公司股东所持股份达到前条规定比例、且对该股东的资产和利润构成重大影响的，应当按照前条规定履行报告、公告义务。”

申请豁免强制要约

在间接收购中，达到强制要约界限后，间接收购人有两种选择：其一是发出要约，进行要约收购；其二是申请豁免强制要约，获得豁免后进行收购。

如果存在表4–3所列情形，那么可以向证监会申请免于以要约方式增持股份。

表 4–3　免于以要约方式增持股份的情形

序号	适用情形
1	收购人与出让人能够证明本次股份转让是在同一实际控制人控制的不同主体之间进行，未导致上市公司的实际控制人发生变化
2	上市公司面临严重财务困难，收购人提出的挽救公司的重组方案取得该公司股东大会批准，且收购人承诺3年内不转让其在该公司中所拥有的权益
3	中国证监会为适应证券市场发展变化和保护投资者合法权益的需要而认定的其他情形

收购人报送的豁免申请文件符合规定，并且已经按照相关办法规定履行报告、公告义务的，中国证监会予以受理；不符合规定或者未履行报告、公告义务的，中国证监会不予受理。

中国证监会在受理豁免申请后20个工作日内，就收购人所申请的具体事项作出是否予以豁免的决定；取得豁免的，收购人可以完成本次增持行为。

有表4–4所列情形之一的，投资者可以向中国证监会提出免于发出要约的申请。

表 4–4　免于发出要约申请的适用情形

序号	适用情形
1	经政府或者国有资产管理部门批准进行国有资产无偿划转、变更、合并，导致投资者在一个上市公司中拥有权益的股份占该公司已发行股份的比例超过30%
2	因上市公司按照股东大会批准的确定价格向特定股东回购股份而减少股本，导致投资者在该公司中拥有权益的股份超过该公司已发行股份的30%
3	经上市公司股东大会非关联股东批准，投资者取得上市公司向其发行的新股，导致其在该公司拥有权益的股份超过该公司已发行股份的30%，投资者承诺3年内不转让本次向其发行的新股，且公司股东大会同意投资者免于发出要约
4	在一个上市公司中拥有权益的股份达到或者超过该公司已发行股份的30%的，自上述事实发生之日起一年后，每12个月内增持不超过该公司已发行的2%的股份

续表

序号	适用情形
5	在一个上市公司中拥有权益的股份达到或者超过该公司已发行股份的50%的，继续增加其在该公司拥有的权益不影响该公司的上市地位
6	证券公司、银行等金融机构在其经营范围内依法从事承销、贷款等业务导致其持有一个上市公司已发行股份超过30%，没有实际控制该公司的行为或者意图，并且提出在合理期限内向非关联方转让相关股份的解决方案
7	因继承导致在一个上市公司中拥有权益的股份超过该公司已发行股份的30%
8	因履行约定购回式证券交易协议购回上市公司股份导致投资者在一个上市公司中拥有权益的股份超过该公司已发行股份的30%，并且能够证明标的股份的表决权在协议期间未发生转移
9	因所持优先股表决权依法恢复导致投资者在一个上市公司中拥有权益的股份超过该公司已发行股份的30%
10	中国证监会为适应证券市场发展变化和保护投资者合法权益的需要而认定的其他情形

4.3.4　间接收购的注意事项

如果上市公司的实际控制人在间接收购项目中没有履行报告、公告义务及配合义务，或禁止收购，那么对于受其控制的股东发起的提案等，董事会将不予通过。除此之外，董事会还要将具体情形上报到监管部门，由中国证监会来强制纠正上市公司的实际控制人的错误，使其履行应尽的义务，而受实际控制人支配的股东作为不适当人选在改正之前也会失去所持股份的表决权。如果上市公司的董事会不负责任地通过了实际控制人及受其支配的股东发起的提案，那么董事会也将被中国证监会列为不适当人选。

实际控制人及受其支配的股东的配合披露义务

根据《上市公司收购管理办法》第五十八条："上市公司实际控制人及受其支配的股东，负有配合上市公司真实、准确、完整披露有关实际控制人发生变化的信息的义务；实际控制人及受其支配的股东拒不履行上述配合义务，导致上市公司无法履行法定信息披露义务而承担民事、行政责任的，上市公司有权对其提起诉讼。实际控制人、控股股东指使上市公司及其有关人员不依法履行信息披露义务的，中国证监会依法进行查处。”

上市公司的报告、公告义务

根据《上市公司收购管理办法》第五十九条：“上市公司实际控制人及受其支配的股东未履行报告、公告义务的，上市公司应当自知悉之日起立即作出报告和公告。上市公司就实际控制人发生变化的情况予以公告后，实际控制人仍未披露的，上市公司董事会应当向实际控制人和受其支配的股东查询，必要时可以聘请财务顾问进行查询，并将查询情况向中国证监会、上市公司所在地的中国证监会派出机构（以下简称派出机构）和证券交易所报告；中国证监会依法对拒不履行报告、公告义务的实际控制人进行查处。上市公司知悉实际控制人发生较大变化而未能将有关实际控制人的变化情况及时予以报告和公告的，中国证监会责令改正，情节严重的，认定上市公司负有责任的董事为不适当人选。”

4.4 表决权委托与上市公司控制权转让

4.4.1 表决权委托的法律依据

为实现表决权委托有法可依，《公司法》第一百零六条规定：“股东可以委托代理人出席股东大会会议，代理人应当向公司提交股东授权委托书，并在授权范围内行使表决权。”

《上市公司收购管理办法》第五条规定：“收购人可以通过取得股份的方式成为一个上市公司的控股股东，可以通过投资关系、协议、其他安排的途径成为一个上市公司的实际控制人，也可以同时采取上述方式和途径取得上市公司控制权。收购人包括投资者及与其一致行动的他人。”为表决权委托提供了法律依据。

限售锁定通常可以分为股份发行锁定期和董监高任期内股份转让限制两种类型。这种情况下，对于可以自由转让的部分，股东可以进行过户登记办理，对于受限的股份，则可以通过表决权委托的方式保护股东权益。

【案例1】合众思壮（002383.SZ）

2019年6月27日，合众思壮的控股股东、实际控制人兼董事长郭信平与兴慧电子签订了《股份转让协议》和《不可撤销的表决权委托协议》，协议中约定郭信平将手中的9.7048%的股份转让给兴慧电子，与此同时，兴慧电子受其委托可以行使其手中的10.2952%的股份所对应的表决权。按照协议约定，郭信平会将表决权委托的10.2952%的股份分为7.2786%和3.0166%两批转让给兴慧电子。在这之后，合众思壮的控股股东和实际控制人都会发生相应的变更，即控股股东变更为兴慧电子，实际控制人变更为郑州航空港经济综合实验区管理委员会。

在实践中也存在个别情况，比如有的公司不通过表决权委托，而是采取股东大会豁免股份锁定期的方式直接转让其全部股份。但要特别注意，依据《上市公司监管指引第4号——上市公司实际控制人、股东、关联方、收购人以及上市公司承诺及履行》关于履行审议程序豁免的承诺，只有在股东自愿承诺锁定期相关内容时才可以执行，而且受让方通常会继承转让方的限售承诺，以保护上市公司所有股东的相关利益。

常见的因质押、冻结等暂时无法进行过户登记办理的情况，也通常会采用表决权委托的方式来进行。这与上市公司股东高比例质押有着很大的相似之处，流动性风险较大。

【案例2】*ST凯瑞（002072.SZ）

*ST凯瑞股东张培峰持有的上市公司5.19%的股份全部处于质押状态，2019年5月24日，张培峰与王健就此项股份签订了《股东表决权委托协议》，委托王健行使此项股份所对应的表决权，并且在约定中强调，此项表决权无条件且不可撤销。

此外，公司透露王健成为张培峰的债权人，将会依法受托行使张培峰所持股票对应的表决权，同时也能维护自身债权权益。

4.4.2 一致行动人关系的认定

2018年4月13日，沪深交易所同时发布《上市公司收购及股份权益变动信息披露业务指引（征求意见稿）》（以下简称《业务指引》），其第二十一条、第三十一条分别明确：股东之间以表决权委托方式让渡上市公司股份表决权的，出让人与受让人为一致行动人。

在近期的市场案例中，多是依据《业务指引》的规定来界定一致行动关系，履行相应的信息披露义务，也在一定程度上展现出对《业务指引》的认可，对其正式实施具有一定的推动作用。

【案例1】裕兴股份（300305.SZ）

案例概述：裕兴股份的控股股东、实际控制人王建新持有上市公司24.139%的股份，裕兴股份其他七位股东联合持有5.471%的股份。2019年6月14日，王建新联合其他七位股东与常州科技城建公司签订了《股东投票权委托协议》，约定委托常州科技城建公司行使他们联合持有的29.61%（不含回购账户）股份对应的表决权。届时，裕兴股份的控股股东变更为常州科技城建公司，实际控制人变更为常州市钟楼区人民政府。

监管问询：王建新与其他七位股东之间、本次协议涉及的委托方与受托方之间是否构成一致行动人的关系，有没有签订一致行动协议，若有，那么一致行动的时间限制、解除条件以及未来的减持计划是怎样的，等等。

公司回复：王建新与其他七位股东之间、委托方与受托方之间均未签订一致行动协议，但是从行动和结果上看，依据相关规定和协议约定，王建新与其他七位股东就表决权委托问题达成一致，且委托方与受托方在关于行使公司表决权方面也达成一致，另外，王建新有权决定表决权委托是否需要续期，或是否需要转委托等一系列问题。因此，从这两方面来看，王建新与其他七位股东在公司表决权上存在一致行动关系，委托方与受托方之间也构成一致行动关系。

【案例2】方正电机（002196.SZ）

案例概述：2019年7月26日，方正电机控股股东、实际控制人张敏、钱进与卓越汽车签订了《股份转让协议》，卓越汽车分别接受了张敏持有的3.84%的股份和钱进持有的1.17%的股份，并且张敏委托卓越汽车行使其持有的12.00%的股份对应表决权。

卓越汽车及其一致行动人在此次权益变动之前持有7.79%的股份，在此次权益变动之后持有12.80%的股份，且持有的表决权为24.81%。公司控股股东变更为卓越汽车，由于卓越汽车无实际控制人，因此上市公司无实际控制人。

监管问询：根据《上市公司收购管理办法》第八十三条，在此次表决权委托事宜中，委托方与受托方有没有构成一致行动人关系。如果有，请阐明相关的一致行动安排；如果没有，请出具两方不构成一致行动人关系的原因及合理性证明，并提供反向论据。

公司回复：依据《上市公司收购管理办法》及《业务指引》的相关条款，卓越汽车与张敏虽然没有直接签订一致行动协议，但是在表决权委托期间的相关行为构成一致行动人关系。

4.4.3 表决权委托可能触及要约收购

《上市公司收购管理办法》第二十四条规定："通过证券交易所的证券交易，收购人持有一个上市公司的股份达到该公司已发行股份的30%时，继续增持股份的，应当采取要约方式进行，发出全面要约或者部分要约。"

在表决权委托事项中，当委托人与受托人构成一致行动人时，可能会出现合计持股超30%的情况，此时双方应考虑要约收购，监管机构也会着重是否进行要约收购，或者是否要放弃表决权来避免要约收购的问询。

【案例1】中南文化(002445.SZ)

案例概述：中南集团作为中南文化的控股股东，持有上市公司27.59%的股份，常州京控作为北京首拓融汇一致行动人，持有上市公司3.63%的股份。2019年4月16日，中南集团与北京首拓融汇签订了《表决权委托协议》和《关于放弃行使表决权的承诺》，约定中南集团将其持有的25%的股份对应表决权委托给北京首拓融汇，并放弃剩余2.62%的股份对应表决权，直至2021年3月31日。以上权益变动发生后，北京首拓融汇合计持有28.63%的股份对应表决权，中南文化的控股股东未发生变化，仍是中南集团，但实际控制人变更为解直锟。

监管问询：关于中南集团将25%的股份对应表决权委托给北京首拓融汇行使，且自身放弃2.62%的股份对应表决权的事项，请阐明其原因及其合理性，依据《上市公司收购管理办法》第二十四条规定，相关主体是否应当进行要约收购，或者有没有刻意规避要约收购。

公司回复：中南集团在借贷纠纷中尚存在未还清的本息及其他费用，放弃的2.62%的股份对应表决权是作为偿还债务的储备资金。北京首拓融汇及其一致行动人常州京控合计持有上市公司3.63%的股权，拥有上市公司28.63%的股份对应表决权，依据《上市公司收购管理办法》，尚未达到发起要约收购的标准。因此，双方主体并未刻意规避要约收购。

【案例2】中电电机(603988.SH)

案例概述：中电电机原控股股东、实际控制人王建裕及其一致行动人王建凯、王盘荣合计持有上市公司69.22%的股份。2018年11月8日，王建裕及其一致行动人与宁波君拓签署《股份转让协议》，将其合计持有的21.47%股份转让给宁波君拓，同时王建裕与宁波君拓签署《表决权委托协议》，约定将其持有的8.43%股份对应表决权委托给宁波君拓行使；王建凯与珠海方圆签订《股份转让协议》和《表决权委托协议》，将其持有的5%股份转让给珠海方圆，并将其持有的11.77%股份对应表决权委托给珠海方圆行使。宁波君拓将成为上市公司控股股东，由于宁波君拓无实际控制人，因此上市公司无实际控制人。

2018年12月4日，以上相关主体签订《〈表决权委托协议〉之终止协议》，分别终止委托8.43%、11.77%股份对应表决权。同时，王建裕、王建凯签署《关于放弃行使表决权的协议》，约定分别放弃8.15%、20.25%股份对应表决权。权益变动情况如表4–5所示。

表4–5　权益变动表

股东	本次权益变动前		权益变动方案更新前		权益变动方案更新后	
	持股比例	拥有表决权比例	持股比例	拥有表决权比例	持股比例	拥有表决权比例
王建裕	30%	30%	22.5%	14.07%	22.5%	14.35%
王建凯	27%	27%	20.25%	8.48%	20.25%	0%
王盘荣	12.22%	12.22%	0%	0%	0%	0%
合计	69.22%	69.22%	42.75%	22.55%	42.75%	14.35%
宁波君拓	0%	0%	21.47%	29.9%	21.47%	21.47%
珠海方圆	0%	0%	5%	16.77%	5%	5%

由以上权益变动表可以看出，在方案更新前，王建裕及其一致行动人、宁波君拓、珠海方圆合计控制中电电机69.22%的股权，根据《业务指引》相关条款，本次收购行为应当进行要约收购。但在方案更新后，鉴于相关主体解除了表决权委托，并且放弃了一部分表决权，因此，相关主体不再存在一致行动关系，也就不需要进行要约收购。

4.4.4　关于表决权委托的对价

在权益变动中会出现仅通过表决权委托，受让方便获得上市公司的控制权的情况，这通常会涉及表决权委托对价的问题。这种情况下，监管机构会侧重问询是否存在对价支付安排、控制权认定依据及后续安排等事宜。

【案例】中天能源（600856.SH）

案例概述：中天能源控股股东中天资产、实际控制人邓天洲合计持有上市公司18.70%的股份。2019年3月6日，中天资产及其一致行动人邓天洲与国厚天源签署了《表决权委托协议》，约定将其合计持有的18.70%的股份对应表决权全部委托给国厚天源行使，国厚天源以零对价受托管理中天能源。2019年7月12日，该协议解除。

监管问询：请就国厚天源以零对价受托管理中天能源事宜，阐明不收取费用的原因及其合理性，以及有怎样的后续安排。

公司回复：国厚天源认为，本次受托管理是出于救助中天能源的原因，不仅能够推动中天能源走向正确的发展道路，而且对于自身以后的发展具有长远意义，因此国厚天源自愿以零对价受托管理中天能源。

上市公司收购行为中，相关主体应当做到，在注重对方主体、交易价格等传统要素的同时，重视合理合规地设计交易结构。合规的交易方案可以有效降低交易成本和风险，减少交易中可能出现的阻碍因素，规避因方案不合理而终止交易的情况，从而实现收购的顺利高效进行。

第5章　重大资产重组

5.1　重大资产重组的操作实务与流程

5.1.1　重大资产重组的触发标准

上市公司重大资产重组，是指上市公司（含子公司）在日常经营活动之外购买、出售资产或者通过其他方式进行资产交易达到规定的比例，导致上市公司的主营业务、资产、收入发生重大变化的资产交易行为。上市公司重大资产重组是一个宽泛的概念，包括上市公司的重大资产购买、出售、置换及与他人新设企业等行为。

上市公司及其控股或控制的公司购买、出售资产构成重大资产重组的情形

（1）购买、出售的资产总额占上市公司最近一个会计年度经审计的合并财务会计报告期末资产总额比例达到50%以上；

（2）购买、出售的资产在最近一个会计年度所产生的营业收入占上市公司同期经审计的合并财务会计报告期末营业收入的比例达到50%以上；

（3）购买、出售的资产在最近一个会计年度所产生的资产净额占上市公司同期经审计的合并财务会计报告净资产额的比例达到50%以上，且超过5000万元人民币；

（4）购买、出售资产未达到上述规定标准，但中国证监会发现存在可能损害上市公司或投资者合法权益的重大问题的，可以根据审慎监管原则责令上市公司补充披露相关信息，暂停交易并报送申请文件。

购买出售资产的比例计算

（1）购买资产为股权的，其资产总额以被投资企业的资产总额与该项投资所占股权比例的乘积和成交金额二者中的较高者为准，营业收入以被投资企业的营业收入与该项投资所占股权比例的乘积为准，资产净额以被投资企业的净资产额与该项投资所占股权比例的乘积和成交金额二者中的较高者为准；出售的资产为股权的，其资产总额、营业收入以及资产净额分别以被投资企业的资产总额、营业收入以及净资产额与该项投资所占股权比例的乘积为准。

（2）购买的资产为非股权资产的，其资产总额以该资产的账面值和成交金额二者中的较高者为准，资产净额以相关资产与负债的账面值差额和成交金额二者的较高者为准；出售的资产为非股权资产的，其资产总额、资产净额分别以该资产的账面值、相关资产与负债账面值的差额为准，该非股权资产不涉及负债的，不适用资产净额标准。

（3）上市公司同时购买、出售资产的，应当分别计算购买、出售资产的相关比例，并以二者中比例较高者为准。

（4）上市公司在12个月内连续对同一或者相关资产进行购买、出售的，以其累计数分别计算相应数额，已按照规定编制并披露重大资产重组报告书的资产交易行为，无须纳入累计计算的范围，中国证监会对《上市公司重大资产重组管理办法》第十三条第一款规定的重大资产重组的累计期限和范围另有规定的，从其规定。交易标的资产属于同一交易方所有或者控制，或者属于相同或相近的业务范围，或者中国证监会认定的其他情形，可以认定为同一或相关资产。

重组上市的累计期限和范围界定

（1）执行累计首次原则。上市公司控制权发生变更之日起36个月内（含上市公司控制权发生变更的同时），向收购人及其关联人购买的资产所对应的资产总额、资产净额或营业收入，占上市公司控制权发生变更的前一个会计年度经审计的合并财务会计报告的相应指标累计首次达到100%以上的，或者所对应的发行股份的数量，占上市公司首次向收购人及其关联人购买资产的董事会决议前一个交易日的股份比例累计首次达到100%以上的，合并视为一次重大资产重组，应当按照规定申报核准。前述36个月内分次购买资产的，每次所购买资产对应的资产总额、资产净额、营业收入以该购买事项首次公告日的前一个会计年度经审计的相应指标为准。

（2）执行预期合并原则。上市公司按照累计首次原则申报重大资产重组方案时，如存在同业竞争或非正常关联交易等问题，对于收购人及其关联人为解决这些问题所制定的承诺方案，涉及未来向上市公司注入资产的，也将合并计算。

重大资产重组的资产交易类型

（1）上市公司及其控股或控制的公司在日常经营活动之外购买、出售资产；

（2）与他人新设企业、对已设企业增资或减资；

（3）受托经营、租赁其他企业资产或将经营性资产委托他人经营、租赁；

（4）接受附义务的资产赠与或对外捐赠资产；

（5）中国证监会根据审慎监管原则认定的其他情形。

需要行政许可的资产重组

根据《国务院对确需保留的行政审批项目设定行政许可的决定》（国务院令412号）第三百九十五条“上市公司重大购买、出售、置换资产行为审批”和《上市公司重大资产重组管理办法》，下列并购重组事项需经中国证监会上市公司并购重组审核委员会审核：

（1）根据中国证监会的相关规定构成重组上市的；

（2）上市公司以新增股份向特定对象购买资产的；

（3）上市公司合并分立的；

（4）中国证监会规定的其他情形。

5.1.2　重大资产重组的操作程序

初步磋商

（1）上市公司与交易对方就重大资产重组事宜进行初步磋商时，应当立即采取必要且充分的保密措施，制定严格有效的保密制度，限定相关敏感信息的知悉范围。上市公司及交易对方聘请证券服务机构的，应当立即与所聘请的证券服务机构签署保密协议。

（2）上市公司关于重大资产重组的董事会决议公告前，相关信息已在媒体上传播或者公司股票交易出现异常波动的，上市公司应当立即将有关计划、方案或者相关事项的现状以及相关进展情况和风险因素等予以公告，并按照有关信息披露规则办理其他相关事宜。

初步确定框架协议

（1）上市公司在初步尽调基础上，与交易对方达成交易意向，初步确定框架协议核心交易条款，在该时点上，交易双方均已表现出对并购重组交易的浓厚兴趣，为进一步推进上市公司并购重组交易打下坚实基础。

（2）上市公司与交易对方达成实质性意向或虽未达成实质性意向但预计筹划信息难以保密的，应当申请股票停牌，并及时披露交易进展情况。

中介机构出具专业意见

（1）上市公司应当聘请符合《证券法》规定的独立财务顾问、律师事务所以及会计师事务所等证券服务机构就重大资产重组出具意见。

（2）独立财务顾问和律师事务所应当审慎核查重大资产重组是否构成关联交易，并依据核查确认的相关事实发表明确意见。重大资产重组涉及关联交易的，独立财务顾问应当就本次重组对上市公司非关联股东的影响发表明确意见。

（3）资产交易定价以资产评估结果为依据的，上市公司应当聘请符合《证券法》规定的资产评估机构出具资产评估报告。

（4）证券服务机构在其出具的意见中采用其他证券服务机构或者人员的专业意见的，仍然应当进行尽职调查，审慎核查其采用的专业意见的内容，并对利用其他证券服务机构或者人员的专业意见所形成的结论负责。

与证券服务机构签订聘用合同

上市公司及交易对方与证券服务机构签订聘用合同后，非因正当事由不得更换证券服务机构。确有正当事由需要更换证券服务机构的，应当披露更换的具体原因以及证券服务机构的陈述意见。

内部讨论

上市公司应当在重大资产重组报告书的管理层讨论与分析部分，就本次交易对上市公司的持续经营能力、未来发展前景、当年每股收益等财务指标和非财务指标的影响进行详细分析。

资产评估及相关要求

（1）重大资产重组中相关资产以资产评估结果作为定价依据的，资产评估机构应当按照资产评估相关准则和规范开展执业活动；上市公司董事会应当对评估机构的独立性、评估假设前提的合理性、评估方法与评估目的的相关性以及评估定价的公允性发表明确意见。

（2）相关资产不以资产评估结果作为定价依据的，上市公司应当在重大资产重组报告书中详细分析说明相关资产的估值方法、参数及其他影响估值结果的指标和因素。上市公司董事会应当对估值机构的独立性、估值假设前提的合理性、估值方法与估值目的的相关性发表明确意见，并结合相关资产的市场可比交易价格、同行业上市公司的市盈率或者市净率等通行指标，在重大资产重组报告书中详细分析本次交易定价的公允性。

（3）评估机构、估值机构原则上应当采取两种以上的方法进行评估或者估值；上市公司独立董事应当出席董事会会议，对评估机构或者估值机构的独立性、评估或者估值假设前提的合理性和交易定价的公允性发表独立意见，并单独予以披露。

董事会决议及信息披露

（1）上市公司召开董事会审议通过并购重组等事项，根据会计师事务所、资产评估机构等证券服务机构对标的资产，上市公司等审计、评估工作的进展情况，上市公司可以分别召开两次董事会审议通过并购重组事项，并分别出具上市公司重组预案和重组报告书草案；上市公司也可以只召开一次董事会审议通过并购重组事项，直接出具上市公司重组报告书草案。

（2）上市公司董事会应当就重大资产重组是否构成关联交易作出明确判断，并作为董事会决议事项予以披露。上市公司独立董事应当在充分了解相关信息的基础上，就重大资产重组发表独立意见。重大资产重组构成关联交易的，独立董事可以另行聘请独立财务顾问就本次交易对上市公司非关联股东的影响发表意见。上市公司应当积极配合独立董事调阅相关材料，并通过安排实地调查、组织证券服务机构汇报等方式，为独立董事履行职责提供必要的支持和便利。

（3）上市公司应当在董事会作出重大资产重组决议后的次一工作日至少披露董事会决议及独立董事的意见。

（4）本次重组的重大资产重组报告书、独立财务顾问报告、法律意见书以及重组涉及的审计报告、资产评估报告或者估值报告至迟应当与召开股东大会的通知同时公告。上市公司自愿披露盈利预测报告的，该报告应当经符合《证券法》规定的会计师事务所审核，与重大资产重组报告书同时公告。

（5）上市公司只需选择一种符合中国证监会规定条件的媒体公告董

事会决议、独立董事的意见，并应当在证券交易所网站全文披露重大资产重组报告书及其摘要、相关证券服务机构的报告或者意见。

国资审批程序

上市公司并购重组业务涉及国资审核程序的，应当在股东大会召开前取得国资管理部门的批复文件。

股东大会批准及决议要求

（1）重大资产重组经董事会依法作出决议后提交股东大会批准。

（2）上市公司股东大会就重大资产重组作出的决议，至少应当包括下列事项：本次重大资产重组的方式、交易标的和交易对方；交易价格或者价格区间；定价方式或者定价依据；相关资产自定价基准日至交割日期间损益的归属；相关资产办理权属转移的合同义务和违约责任；决议的有效期；对董事会办理本次重大资产重组事宜的具体授权；其他需要明确的事项。

（3）上市公司股东大会就重大资产重组事项作出决议，必须经出席会议的股东所持表决权的2/3以上通过。上市公司重大资产重组事宜与本公司股东或者其关联人存在关联关系的，股东大会就重大资产重组事项进行表决时，关联股东应当回避表决。交易对方已经与上市公司控股股东就受让上市公司股权或者向上市公司推荐董事达成协议或者默契，可能导致上市公司的实际控制权发生变化的，上市公司控股股东及其关联人应当回避表决。

（4）上市公司就重大资产重组事宜召开股东大会，应当以现场会议形式召开，并应当提供网络投票和其他合法方式为股东参加股东大会提供便利。除上市公司的董事、监事、高级管理人员、单独或者合计持有上市公司5%以上股份的股东以外，其他股东的投票情况应当单独统计并予以披露。

中介机构出具专业意见书

（1）上市公司应当在股东大会作出重大资产重组决议后的次一工作日公告该决议，以及律师事务所对本次会议的召集程序、召集人和出席人员的资格、表决程序以及表决结果等事项出具的法律意见书。

（2）上市公司自控制权发生变更之日起36个月内，向收购人及其关联人购买资产，导致上市公司发生购买的资产总额占上市公司控制权发生变更的前一个会计年度经审计的合并财务会计报告期末资产总额的比例达到100%以上；购买的资产在最近一个会计年度所产生的营业收入占上市公司控制权发生变更的前一个会计年度经审计的合并财务会计报告营业收入的比例达到100%以上；购买的资产净额占上市公司控制权发生变更的前一个会计年度经审计的合并财务会计报告期末净资产额的比例达到100%以上；购买资产发行的股份占上市公司首次向收购人及其关联人购买资产的董事会决议前一个交易日的股份的比例达到100%以上；上市公司向收购人及其关联人购买资产虽未达到前述标准，但可能导致上市公司主营业务发生根本变化；中国证监会认定的可能导致上市公司发生根本变化的其他情形构成重大资产重组的，应委托独立财务顾问在作出决议后3个工作日内向中国证监会提出申请。

公开承诺

（1）上市公司全体董事、监事、高级管理人员应当公开承诺，保证重大资产重组的信息披露和申请文件不存在虚假记载、误导性陈述或者重大遗漏；重大资产重组的交易对方应当公开承诺，将及时向上市公司提供本次重组相关信息，并保证所提供的信息真实、准确、完整，如因提供的信息存在虚假记载、误导性陈述或者重大遗漏，给上市公司或者投资者造成损失的，将依法承担赔偿责任。

（2）上市公司全体董事、监事、高级管理人员、重大资产交易对方的单位和个人还应当公开承诺，如本次交易因涉嫌所提供或者披露的信息存在虚假记载、误导性陈述或者重大遗漏，被司法机关立案侦查或者被中国证监会立案调查的，在案件调查结论明确之前，将暂停转让其在该上市公司拥有权益的股份。

交易进程备忘录

公司筹划重组至披露重组报告书期间，应当编制交易进程备忘录，并及时披露重要进展，包括但不限于如表5–1所示内容。

表5–1　交易进程备忘录的内容

序号	具体内容
1	各方就交易方案的商议情况
2	公司与聘请的证券公司、证券服务机构签订重组服务协议
3	公司与交易对手方签订重组框架协议和意向协议，对已签订的重组框架或意向协议作出重大修订或变更
4	公司取得有权部门关于重组事项的事前审批意见
5	尽职调查、审计、评估等工作取得的阶段性进展
6	存在可能终止重组的风险，交易双方因价格分析、股票市场价格波动以及税收政策、交易标的行业政策发生重大变化等原因，导致可能存在重组失败风险的，公司应当及时提示风险并披露后续进展
7	已披露交易标的的公司，更换、增加、减少交易标的，应当披露拟变更标的的具体情况、变更原因，交易标的的基本情况发生重大变化的，应当披露重大变化的具体情况
8	变更证券公司、证券服务机构等

5.1.3 证监会审核及意见反馈

受理

（1）申报材料由办公厅接收后送达上市部，当日完成申报材料核对和签收，指定受理审查人员。

（2）受理审查人员应当按照相关法律法规规定，对申报材料进行形式审查，原则上应在3个工作日内完成受理审查，填写受理工作底稿，提出是否受理或补正的建议，补正建议应当一次性提出，经受理处室负责人签批后送交办公厅，由办公厅统一通知申请人。申报材料为补正材料的，受理审查人员原则上应当在1个工作日内提出是否受理的建议。

（3）受理处室提出的受理或不予受理建议，经部门负责人签批后送交办公厅，由办公厅统一通知申请人。

预审

（1）审核小组由三人组成，按照标的资产所属行业属性试行分行业审核。受理重组申请到召开反馈会原则上不超过10个工作日，特殊情形除外。初审实行静默期制度，接收申报材料到反馈意见发出之前为静默期，审核人员不得接受申请人来电、来访等任何形式的沟通交流。

（2）反馈会由审核处室负责人主持，审核小组组长、审核人员参加，谈论初审中关注的主要问题、拟发出的反馈意见、并购重组项目执业质量评价等。

（3）重组事项相关问题存疑、存在投诉举报或媒体质疑的，经反馈会议决定，可请排除机构实地核查，实地核查未发现问题的，审核工作按照程序推进。实地核查发现问题的，视情况处理。

（4）申请材料存在重大瑕疵的，上市部对该单重组项目的财务顾问执业质量评级为C，并约谈提醒财务顾问。

（5）反馈会后，相关处室起草反馈意见，经处内交叉复核报部门负责人签批后送交办公厅，由办公厅统一通知申请人。

（6）反馈意见发出后，上市公司或中介机构对反馈意见存在疑问的，可以提出沟通申请，上市部在2个工作日内作出安排。

（7）审核专题会由部门负责人主持，处室负责人及审核人员参加，讨论决定是否将许可申请提交并购重组委审议。专题会议应对整体交易方案、反馈中关注问题、反馈意见落实情况、投诉举报、提请重组委关注事项等问题进行全面、详细讨论。全体参会人员须逐一发表意见，对经会议讨论后的审核报告，所提关注问题获多数人同意后，依程序写入会议纪要。审核专题会开始时间应当在收市后。反馈会建议直接提请审核专题会讨论的，或者申请人报送反馈意见回复后、经审核反馈问题基本落实的，可提交审核专题会审议。从申报人报送反馈意见回复到召开审核专题会，原则上不超过10个工作日。

重组委会议

（1）上市部原则上应在审核专题会召开后2个工作日内安排重组委会议。因拟定上会企业较多，需要分次安排重组委会议的，时间可以顺延。上市部按照分组顺序通知重组委委员参会，委员确因回避等事项无法参会的，依次顺延。参会委员确定后，当天发布重组委会议公告。

（2）公告发布后，委员因特殊原因无法参会或无法按时参会，应当及时告知上市部，上市部发布补充公告，会议延期或另行安排委员参会。

（3）重组委会议由召集人组委员主持，委员对重组项目逐一发表意见，申请人及中介机构应当到会陈述并接受委员询问，人数原则上不得超过8人，时间不超过45分钟，申请人回答完毕退场后，召集人可以组织委员再次进行讨论。重组委会议表决结果当场宣布，当日对外公告。会议全程录音，录音记录由上市部存档。

（4）重组申请获有条件通过的，申请人应在10个工作日内将会后反馈回复及更新后的重组报告书报送上市部，上市部当日送达委员，委员应在2个工作日内作出无异议确认或不确认的决定，存在委员作出不确认意见情形的，上市部将委员意见再次反馈重组申请人及中介机构，申请人再次报送会后反馈回复后，无异议确认的委员数量未达到3名的，应重新召开重组委会议。

审结

（1）重组申请获无条件通过或未获通过的，财务顾问应当在重组委会议召开2个工作日内，协助办理申请材料封卷。重组申请获有条件通过的，财务顾问应当在落实重组委意见后2个工作日内，协助办理申请材料封卷。封卷材料经审核人员和财务顾问核对无误后，审核人员签字确认。

（2）封卷后审核处室启动审结程序，起草审结签报，上报签批。

5.1.4 重大资产重组实施完毕

核准与信息披露

上市公司收到中国证监会就其申请作出的予以核准或者不予核准的决定后，应当在次一工作日予以公告。

中国证监会予以核准的，上市公司应当在公告核准决定的同时，按照相关信息披露准则的规定补充披露相关文件。

编制报告书并向交易所提交报告

一是上市公司重大资产重组完成相关批准程序后，应当及时实施重组方案，并于实施完毕之日起3个工作日内编制实施情况报告书，向证券交易所提交书面报告，并予以公告。

二是上市公司聘请的独立财务顾问和律师事务所应当对重大资产重组的实施过程、资产过户事宜和相关后续事项的合规性及风险进行核查，发表明确的结论性意见。独立财务顾问和律师事务所出具的意见应当与实施情况报告书同时报告、公告。

批准时效

一是自完成相关批准程序之日起60日内，本次重大资产重组未实施完毕的，上市公司应当于期满后次一工作日将实施进展情况进行报告，并予以公告；此后每30日应当公告一次，直至实施完毕。

二是属于上市公司自控制权发生变更之日起36个月内向收购人及其关联人购买资产构成重大资产重组、上市公司发行股份购买资产的，自收到中国证监会核准文件之日起超过12个月未实施完毕的，核准文件失效。

资产交割

独立财务顾问组织交易各方、其他证券服务机构等按照上市公司重大资产重组申请文件的披露内容进行资产交割，涉及发行股份的进行新增股份登记和上市。

持续督导

一是独立财务顾问应当按照中国证监会的相关规定，对实施重大资产重组的上市公司履行持续督导职责。持续督导的期限自本次重大资产重组实施完毕之日起，应当不少于一个会计年度。独立财务顾问应当结合上市公司重大资产重组当年和实施完毕后的第一个会计年度的年报，自年报披露之日起15日内，对重大资产重组实施的下列事项出具持续督导意见，并予以公告：交易资产的交付或者过户情况；交易各方当事人承诺的履行情况；已公告的盈利预测或者利润预测的实现情况；管理层讨论与分析部分提及的各项业务的发展现状；公司治理结构与运行情况；与已公布的重组方案存在差异的其他事项。

二是针对上市公司自控制权发生变更之日起36个月内向收购人及其关联人购买资产构成重大资产重组的，持续督导的期限自中国证监会核准本次重大资产重组之日起，应当不少于3个会计年度，其中第2个和第3个会计年度，自年报披露之日起15日内，对交易各方当事人承诺的履行情况；已公告的盈利预测或者利润预测的实现情况；管理层讨论与分析部分提及的各项业务的发展现状；公司治理结构与运行情况；与已公布的重组方案存在差异的其他事项出具持续督导意见，并予以公告。

5.2 资产评估的常用方法与实战攻略

5.2.1 股票估值法

股票的价格是指股票在股票市场上买卖时的价格。股票市场一般分为两级市场，分别是一级市场和二级市场，一级市场是发行市场，二级市场是流通市场。因而，股票的市场价格也分为两种，即发行价格和流通价格。上市公司发行股份购买资产的股份定价问题，通常指的是二级市场中的股票价格。

股票有多种不同的定价方式，诸如市盈率法、市净率法、现金股利折现法等，这些方式基于不同角度对股票的定价问题进行研究，其中市盈率法和市净率法尤为重要。

市盈率法

市盈率（Price Earnings Ratio，简称P/E或PER）指的是股票的价格与每股净收益的比率，即总市值与净利润的比率。企业按照当前的盈利水平需要积累多少年的利润才能比得上目前按照股价计算的价值是市盈率主要反映的内容。一家企业的市盈率水平的高低与其所在行业、市场发展水平紧密相关。

欧美等发达国家与亚洲部分发展中国家相比，股票的市场平均市盈率差异化明显。而对于不同行业而言，市盈率通常也存在较明显的差异，新兴行业的平均市盈率往往要高于传统行业，究其原因，是投资者对新兴行业发展持欣赏状态，对其盈利能力持有良好的预期。股票定价的市盈率法公式为：

$$\text{股票价格市盈率} \times \text{每股净利润}$$

市净率法

市净率（Price-to-Book Ratio，简称P/B或PBR）是指每股股价与每股净资产的比率，即总市值与净资产的比率。股票定价的市净率法公式为：

股票价格=市净率 × 每股净资产

在市盈率法和市净率法中，每股净利润、每股净资产与企业经营业绩息息相关，而市盈率和市净率水平的高低又深受市场发展程度的影响。市盈率和市净率的影响因素包括宏观和微观两个方面，其中，宏观因素包括国家经济增长水平、通货膨胀水平、狭义货币供给等，微观因素包括投资者预期、新技术应用、新产品上市等。

一方面，在国民经济高速增长时期，企业处在高速发展阶段，投资者通常对企业的发展前景持有良好的预期，在企业估值方面也持有较高的评价，因此市场整体市盈率水平较高。另一方面，在相对宽松的货币政策时期，货币供给量增大，市场的流动性较强，为寻求更高效益回报，部分货币流入股市致使股价抬高，对市场整体市盈率水平产生一定的影响。

通货膨胀是指整体物价水平持续上涨的现象，衡量通货膨胀的指标主要包括消费者物价指数（Consumer Price Index，CPI）、生产者物价指数（Producer Price Index，PPI）等。当通货膨胀率较高，特别是当通胀水平高于银行利率时，资金为寻找更高的回报将流出银行。

5.2.2 资产基础法

资产基础法也叫成本法，是以合理评估企业各项资产价值和负债为基础，从而确定好评估对象价值的评估思路，其基本原理是基于评估对象的原有情况实现基准日的当前价格的计算评估。资产的持续使用是成本法的前提条件，成本法运用的前提是被评估资产具备完备的历史资料，成本法的要求是实现测定形成资产价值的必要消耗。

资产评估值=被估资产重置成本－实体性贬值－功能性贬值－经济性贬值

由于成本法将再建生产要素资产作为立足点，因而其在持续经营企业价值的整体性和各单项资产的整合效应上无法做到精准把握。中国资产评估协会印发修订的《资产评估执业准则——企业价值》（中评协〔2018〕38号）第三十七条明确规定："在对持续经营前提下的企业价值进行评估时，单项资产或者资产组合作为企业资产的组成部分，其价值通常受其对企业贡献程度的影响。"

采用资产基础法需要关注几点，如表5–2所示。

表5–2　资产基础法的注意事项

序号	注意事项
1	需要从企业会计政策和生产经营情况出发，对资产负债表表内和表外的各项资产、负债进行精准识别，并依据实际情况采用相应的方式评估。针对负债企业或无法识别和评估的账外资产企业，需要慎重应用资产基础法
2	在账外无形资产方面，针对重要的、可识别的账外无形资产，需要从资产取得、使用和维护出发，完成其对股权价值影响的评估及分析
3	经济性贬值对资产基础法评估结果的影响是需要重点考虑的内容，基于企业的收益和资产使用情况，对持续经营前提下单项资产是否存在经济性贬损作出具体分析
4	援用其他单项资产评估报告。援用矿业权、土地使用权等单项资产评估报告时，需要遵守《资产评估执业准则——利用专家工作及相关报告》（中评协〔2017〕35号）的相关要求
5	专业判断分歧。当不同的中介机构对同一事项的专业判断存在重大差异时，在没有充足证据证明双方判断都符合相关专业技术规范的前提下，需要取消重大分歧或说明差异

5.2.3 市场法

市场法又叫市场价格类比法，是资产评估体系中一种最直接、最有说服力、最简单有效的资产评估方法。其指的是基于比较被评估资产与市场近期交易类似资产的异同，在市场近期交易类似资产的交易价格基础上进行调整，以反映被评估资产的价值。市场法的适用包括两个前提条件：一是需要一个发育强、活跃度高的公开市场，二是需要收集参照物资产与被评估资产的差异及可控比较的相关指标和技术参数，并实现价值形态上的量化。

市场价格类比法的两种操作方法

在具体方法上主要分为直接比较法和类比调整法，如表5–3所示。

表 5–3 市场价格类比法的两种类型

	适用条件	公式
直接比较法	基于参照物的市场交易价格，直接比较参照物某一特征和被评估资产的统一特征的差异	被评估资产价值＝被估对象主要特征/参照物主要特征 × 参照物成交价格
类比调整法	被评估资产与参照物在主要方面基本相同或相近是唯一要求的内容	资产评估值＝参照物成交价格 ± 功能差异值 ± 实体特征差异值 ±……± 时间差异值

难以获得完全相同或相近的可比公司及相应交易数据是市场法局限性的主要体现，并且其在专用设备、自制设备以及大部分无形资产上无法实现有效应用。由于市场是市场法的主要信息来源，因此需要进一步鉴别和处理市场信息。另外，虽然可比企业属于同一行业，但由于企业的规模不同和差异性较大，其管理层、治理层结构及成员素质也不相同，因此市场法在上市公司重大资产重组中的应用有明显的局限性。

采用市场价格类比法的注意事项

采用市场价格类比法时，应注意很多问题，如表5–4所示。

表 5–4　市场价格类比法的注意事项

注意事项	具体内容
方法的选用	需要充分、可靠地收集可比企业数量及其经营和财务数据，并对市场法的适用性进行充分考虑，当可比企业或交易案例不存在时，不宜选择使用市场法
可比企业的选择	评估师需要综合比较、分析被评估企业和可比企业所属行业、业务结构、企业规模、经营模式、企业所处经营阶段、资产配置和使用情况、经营风险、成长性、财务风险等因素，对可比企业进行科学选择
交易案例和交易价格	全面调查股权交易的对象、交易背景、交易时间和交易条件等，选择恰当的交易案例，并及时修正交易价格
价值比率的选择	分析被评估企业所在行业的价值驱动因素，基于证券市场、产权交易市场股权定价规律，对科学确定评估对象价值的价值比率和差异调整方法进行恰当选择
价值比率的计算	科学、合理地分析各项数据的真实性、准确性和完整性，选择合适的数据进行价值比率的计算，科学确定数据的时间分布和统计方法，实现被评估企业与可比企业在价值比率计算方法和数据口径上的统一
流动性和控制权	在评估过程中，需要正确认识流动性和控制权对股权价值的影响，在评估由此产生的溢价或折价时，需提供充分的证据作为支撑

5.2.4　收益法

收益法也叫收益资本化法、收益还原法。收益法作为一种评估方法，是以折现、资本化的方式对被评估企业进行预期收益评估，从而实现评估对象评估基准日的价值。经济学上的折现理论是收益法的理论基础，即一项资产的价值是利用它所能获取的未来收益的现值，其折现率反映了投资该项资产并获得收益的风险回报率。在国际上，收益法为大多数并购重组企业所采纳。

采用收益法，需要重点关注以下几点：

（1）收益法的适用性。企业进行资产评估时，需要从企业的历史经营情况、未来收益可预测情况、所取评估资料的完整程度出发，对收益法的适用性进行科学考量。企业存在产品或服务尚未投入市场、持续经营存在不确定性、无盈利历史记录等情形时，慎用收益法。

（2）评估中委托方或被评估企业提供的盈利预测资料要斟酌使用。首先，收集被评估企业战略发展规划、财务计划、经营计划等资料，以为未来的盈利数据提供支撑。其次，对被评估企业的经营状况、资本结构、发展前景、历史业绩、所在行业现状、宏观和区域经济因素对股权价值的作用，进行合理分析、判断和调整，不可只靠推测来完成对盈利数据的预测。尤其在核实相关基础数据时，有必要聘请注册会计师审计相关历史财务数据，或者让被评估企业提供审计完成的财务数据。

（3）预测趋势的差异。在盈利预测趋势与企业历史业绩、现实经营状况差异明显时，需要及时分析其差异原因和合理性。

（4）辨别非经营性资产和溢余资产。进行资产评估时，应当时刻关注企业资产配置和使用情况，尤其要对不同时点企业的资产构成和规模变化给予重点关注。同时，基于行业特点和行业资产配置的平均水平，对非经营性资产和溢余资产进行审慎辨别。

（5）行业分析。企业所在行业或地区的特殊产业政策是评估中需要重点了解和把握的内容，应针对预测收益和风险，科学考量产业政策所带来的影响。

（6）收益期。在深入分析国家有关法律法规、企业经营状况、协议和章程约定、资产特点和资源条件、企业所在行业现状与发展前景等情况下，合理选择评估收益期。

（7）评估参数和假设。在未来收益预测时，需要实现主营业务收入、营运资金、毛利率、资本性支出等主要参数与评估假设及相关参数的相契合。

（8）销售规模。在未来收益预测时，不仅要对企业的生产能力有全面的把握，还要充分了解、分析当地市场走向，精准预测未来年度的销售规模。

（9）关联交易。当预测传统采用关联方销售定价的企业的未来收益时，需要对其定价的公允性和可持续性进行科学分析，合理选择预测价格。

（10）周期性企业。针对周期性波动较大的企业，在预测其未来收益时，需要重点考量市场需求和价格的变动走向，尤其是在预测其长期销售价格和数量时，不应采用波峰或波谷价格和销量等代表性不强的指标预测收入水平。

（11）税收优惠。对于享有税收优惠的企业，在预测其未来收益时，需要着重分析企业优惠政策到期后是否可以继续享有，慎重考虑其长期税负水平。

（12）折现率。进行资产评估时，需要对评估基准日的利率水平、市场投资收益率等资产市场相关信息、企业所在行业和企业本身的特定风险等相关因素进行综合考量，恰当确定折现率。

5.3 借壳上市的运作模式与操作实务

5.3.1 借壳上市的操作程序

借壳上市是指一家资产丰足的非上市公司，通过收购、资产置换等方式获得某家上市公司的控制权，并将其资产、业务等置入到该上市公司中，借助上市公司的地位实现自身资产和业务的上市，进而完成上市的行为。在此，上市公司通常为市值较低的公司，我们将其称为壳公司，并且在其完成借壳上市之后，该壳公司的名称、主营业务以及实际控制人等都会改变。

公司上市能够给企业带来非常多的优势，比如方便高效地募集资金、快速扩大公司规模等，因此，很多企业想要实现公司上市。在日益激烈的市场竞争中，一些上市公司由于经营管理不善，导致企业发展不良，股价长期低迷，丧失进一步筹集资金的能力，这就形成了公司可以借助上市的“壳”，换言之,“壳”指代的是上市公司的上市资格。那么，非上市公司就可以结合自身的经营情况、资产情况、融资能力以及发展规划，利用这个“壳”资源进行资产重组，以实现自身上市。通常重组形式包含借壳上市和买壳上市两种。

借壳上市过程中，通常存在大宗的关联交易行为，因此，相关主体需要依法充分、准确、及时地公开披露这些关联交易信息，以保护中小投资者的权益。

总体上看，企业借壳上市需要经历以下四个阶段。

准备阶段

准备阶段的主要任务如表5–5所示。

表5–5　准备阶段的任务

序号	任务内容
1	拟定收购的上市公司（壳公司）标准，初选壳对象
2	聘请财务顾问等中介机构
3	股权转让双方经洽谈，就壳公司股权收购、资产置换及职工安置方案达成原则性意向并签署保密协议
4	对壳公司及收购人的尽职调查
5	收购方、壳公司完成财务报告审计
6	完成对收购方拟置入资产、上市公司拟置出资产的评估
7	确定收购及资产置换最终方案
8	起草《股份转让协议》
9	起草《资产置换协议》
10	收购方董事会、股东会审议通过收购及资产置换方案决议
11	出让方董事会、股东会审议通过出让股份决议
12	出让方向结算公司提出拟转让股份查询及临时保管申请

协议签订及报批阶段

协议签订与报批阶段的主要任务如表5–6所示。

表5–6　协议签订与报批阶段的任务

序号	任务内容
1	收购方与出让方签订《股份转让协议》、收购方与上市公司签订《资产置换协议》
2	收购方签署《收购报告书》并于两个工作日内，报送证券主管部门并摘要公告
3	出让方签署《权益变动报告书》并于三个工作日内公告
4	壳公司刊登关于收购的提示性公告并通知召开就本次收购的临时董事会

续表

序号	任务内容
5	收购方签署《豁免要约收购申请报告》并报送证监会（同时准备《要约收购报告书》备用并做好融资安排，如不获豁免，则履行要约收购义务）
6	出让方向各上级国资主管部门报送国有股转让申请文件
7	壳公司召开董事会并签署《董事会报告书》，且在指定证券报纸刊登
8	壳公司签署《重大资产置换报告书（草案）及摘要》，并报送证监会，向交易所申请停牌至发审委出具审核意见

收购及重组实施阶段

收购及重组实施阶段的主要任务如表5-7所示。

表 5-7 收购及重组实施阶段的任务

序号	任务内容
1	证监会审核通过重大资产重组方案，在指定证券报纸全文刊登《重大资产置换报告书》，有关补充披露或修改的内容应作出特别提示（审核期约为报送文件后三个月内）
2	证监会对《收购报告书》审核无异议，在指定证券报纸刊登全文（审核期约为上述批文后一个月内）
3	国有股权转让获得国资委批准（审核期约为报送文件后三到六个月内）
4	证监会同意豁免要约收购（或国资委批文后）
5	转让双方向交易所申请股份转让确认
6	实施重大资产置换
7	办理股权过户
8	刊登完成资产置换、股权过户公告

收购后整理阶段

收购后整理阶段的主要任务如表5-8所示。

表 5-8　收购后整理阶段的任务

序号	任务内容
1	召开壳公司董事会、监事会、股东大会，改组董事会、监事会、高管人员
2	按照《关于拟发行上市企业改制情况调查的通知》，向壳公司所在地证监局报送规范运作情况报告
3	聘请具有主承销商资格的证券公司进行辅导，并通过壳公司所在地证监局检查验收
4	申请发行新股或证券

5.3.2　借壳上市的运作模式

借壳上市行为中，未上市公司通过并购或其他合法方式将自身资产和业务注入上市公司中，实现自身主营业务的上市，并在一定条件下进行增发股份。下面我们简单分析一下借壳上市的流程与模式。

借壳过程的基本环节

借壳上市的基本流程如图5-1所示。

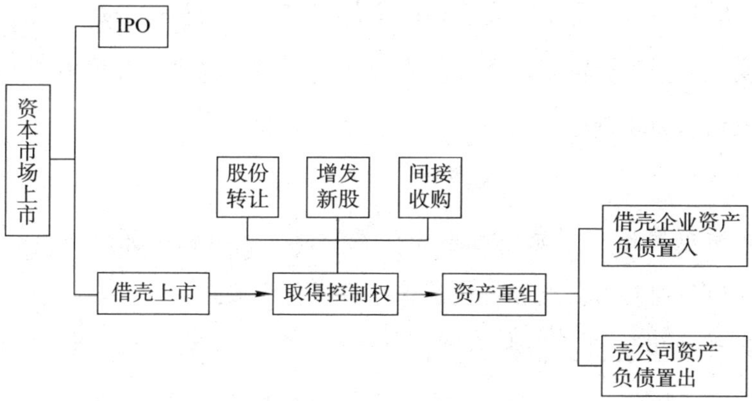

图 5-1　借壳上市的基本流程

（1）取得壳公司的控制权。

取得壳公司控制权通常有以下三种方式。

- 股份转让方式：收购方可以与壳公司的原股东签订股份转让协议，也可以在证券交易市场收购壳公司的股份以获取控制权；
- 增发新股方式：壳公司向收购方定向增发法定比例的新股，使收购方获得壳公司的控制权；
- 间接收购方式：收购方收购壳公司的母公司，取得母公司的控制权，从而间接取得壳公司的控制权。

（2）对壳公司进行资产重组。

对壳公司进行资产重组主要涵盖以下两方面：

①壳公司原有资产负债置出。

在借壳上市行为中，壳公司的全部资产、负债、业务及人员通常都要置换出去。依据资产接受方与壳公司的关系可以将资产置出划分为关联置出和非关联置出。

- 关联置出：指壳公司将资产等全部要素转让给壳公司原有的大股东或实际控制人，或者转让给借壳公司的大股东；
- 非关联置出：指壳公司将资产等全部要素转让给与其不存在直接控制关系的第三方公司，这种方式通常需要给予一定补偿。

② 借壳公司的资产负债置入。

在完成壳公司原有资产负债置出后，借壳公司会将自身资产、负债、业务及人员等置入壳公司中，使公司继续存续。根据借壳公司资产上市的比例可以划分为整体上市和非整体上市。

- 整体上市：指借壳公司将全部的资产、负债、业务及人员置入壳公司中；
- 非整体上市：指借壳公司将全部资产、负债、业务及人员的一部分置入壳公司中。

（3）借壳上市需要考虑的问题。

借壳上市需要考虑多方面的因素，以确定合适的借壳方式。一方面要考虑准备上市的公司和壳公司的经营能力、财务状况、所有制类别、行业特征等的特性条件，另一方面也要考虑上市的各种成本、自身融资能力、审批难易程度、锁定期、要约收购等共性条件。

借壳上市方案

（1）股权转让+资产置换。

壳公司原控股股东与拟借壳上市企业签订股权转让协议，将自身持有的壳公司的股份协议转让给拟借壳上市企业，并从拟借壳上市企业方获取现金补偿；拟上市企业将壳公司原有资产和业务等置出，并将自身盈利能力较强的资产和业务作为补偿置入到壳公司中，完成资产置换，其流程如图5-2所示。

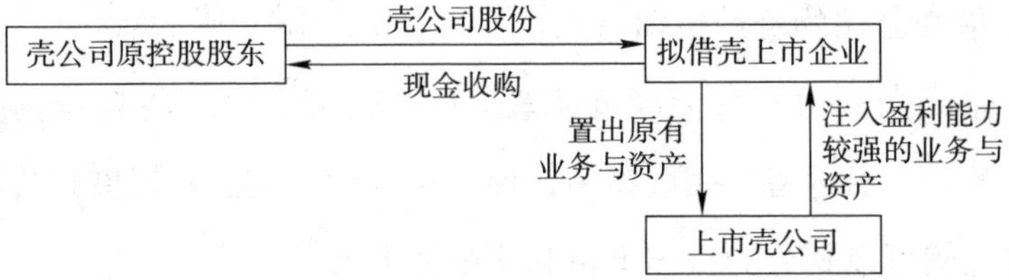

图 5–2 “股权转让＋资产置换”的基本流程

本方案常见的辅助交易：置入资产比置出资产的市场评估值高，那么差额部分作为上市公司对大股东的免息债务，无偿使用若干年。

（2）股权转让+增发换股。

拟借壳上市公司仍然以现金收购的方式，购买上市壳公司原控股股东所持有的壳公司股份，并获得上市壳公司的股权，完成股权转让；借壳公司实现对上市壳公司的控股后，上市壳公司向拟借壳公司的所有（或控股）股东定向增发新股，同时其持有的拟上市公司的股权转让给上市壳公司；上市壳公司将其原有的资产、业务等要素出售给上市壳公司的原控股股东，原控股股东向上市壳公司支付现金作为补偿，其流程如图5–3所示。

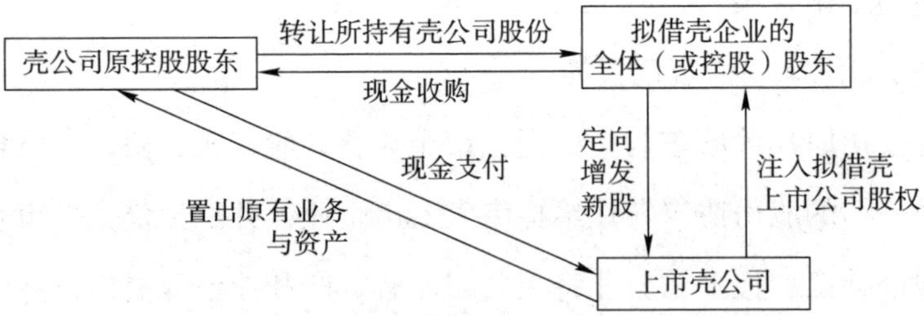

图 5–3 “股权转让＋增发换股”的基本流程

本方案常见的辅助交易：在上市壳公司向拟上市公司增发新股以收购其股权的行为中，如果有换股并购的情况，须给予反对本次交易的上市壳公司流通股股东现金选择权。

（3）股权回购+增发换股。

上市壳公司将其原有的全部资产及业务出售给其原控股股东，同时回购其原控股股东所持有的公司股份，并予以注销；当原控股股东所持有的股份不足以支付壳公司原有业务及资产时，应当以现金补足；上市壳公司向拟借壳上市公司的所有（或控股）股东定向增发新股，获取其持有的拟上市公司的股权，完成后，拟上市公司的控股股东成为上市壳公司的新控股股东，其流程如图5–4所示。

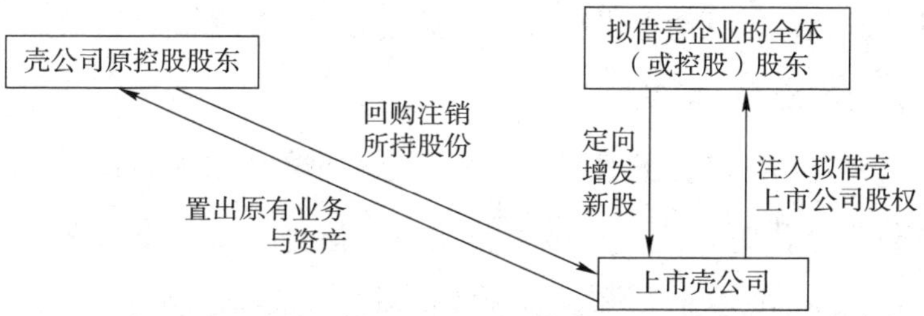

图 5–4　“股权回购 + 增发换股”的基本流程

本方案常见的辅助交易：借壳上市完成后，原拟借壳上市公司的股东或原上市壳公司会对上市壳公司原流通股股东按法定比例进行送股，以补偿上市壳公司原流通股股东的流动性溢价。

（4）资产置换+增发换股。

上市壳公司向拟借壳上市公司的控股股东定向增发新股，收购其持有的拟上市公司的股权，同时向其转让自身所有业务及资产；拟上市公司的控股股东接受来自上市壳公司原有的业务及资产后，再将其转让给壳公司的原控股股东，作为交换，壳公司原控股股东将持有的壳公司股权转让给拟上市公司，完成股权转让，在此过程中的差额部分均以现金补足，其流程如图5–5所示。

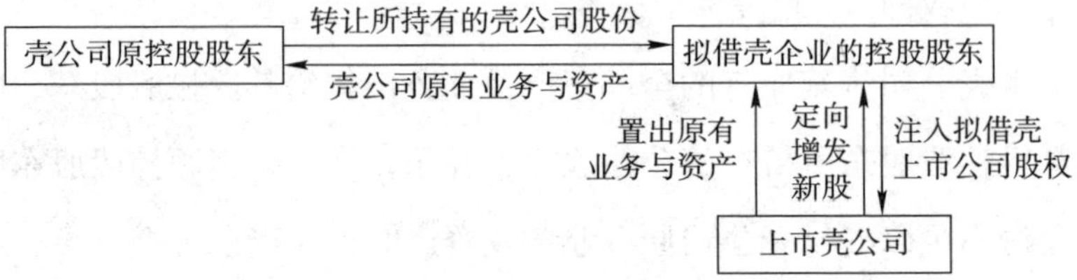

图5–5 “资产置换+增发换股”的基本流程

本方案常见的辅助交易：与方案三相同，借壳上市完成后，原拟借壳上市公司的股东或原上市壳公司会对上市壳公司原流通股股东按法定比例进行送股，以补偿上市壳公司原流通股股东的流动性溢价。

（5）资产出售+增发换股。

上市壳公司向其控股股东出售其原有的全部业务及资产，控股股东向其支付现金作为补偿；上市壳公司向拟借壳上市公司的全体（或控股）股东定向增发新股，并获取其持有的拟上市公司的股权，其流程如图5–6所示。

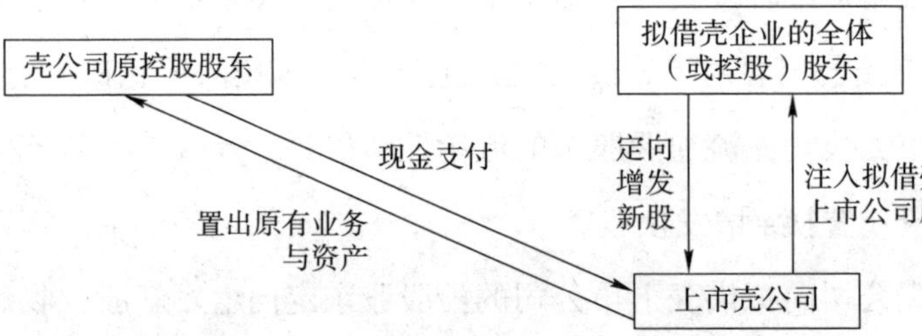

图5–6 “资产出售+增发换股”的基本流程

本方案常见的辅助交易：上市壳公司的原控股股东在收购壳公司原有业务及资产时，通常会支付较高的对价，以保障壳公司小股东的权益；另外，借壳上市完成后，原拟上市公司的控股股东会向上市壳公司原股东支付一笔额外的现金作为补偿。

5.3.3　借壳上市的主要风险

在我国证券市场中，借壳上市已成为诸多企业选择的上市方式。借壳上市的优势是能够清晰准确地盘点公司的资产存量，有效改善企业资产的质量，从而实现证券市场资源的优化配置。但借壳上市同时也存在几方面不容忽视的风险，我们应当予以高度重视：

财务风险

首先，鉴于我国证券市场的行情，公司上市的机会较为稀缺，而借壳上市作为一种较为方便易行的方法，使得各公司对壳公司的竞争增大，从而抬高了壳公司的价格，另外，借壳上市过程中往往需要投入较为高昂的成本。其次，公司上市成功之后，可能会存在未发行新股前的累计盈余，新股东会分享这部分盈余，这便降低了普通股的每股净收益，甚至可能会出现股价下跌的情况，股东收益也会减少。此外，公司有义务维护股民的利益，这也会在股票的增值保值方面给公司带来巨大压力。

资产整合风险

公司在顺利完成借壳上市之后，还需要进行更为重要的步骤，即成功完成企业重组，从本质上实现壳企业价值的升华。原来的壳公司和拟上市公司本身是两个不同的个体，在体制、理念、企业文化等方面显然存在差异，企业在进行整合时，必须要全面考虑并优先调整这些差异，以保证从根本上转变壳公司，否则就会出现公司各方面不协调的情况，不仅无法保证公司的盈利，甚至可能会影响到公司的正常运营。

内幕交易风险

绩差股接连被借壳，通常会导致短期内股价暴涨。武汉科技大学金融证券研究所所长董登新教授表示，借壳上市一直是A股市场内幕交易、股价操纵的“重灾区”。股市的内幕交易隐蔽性较强，通常很难发现蛛丝马迹，调查难和取证难的问题一直存在。另外，A股退市难的问题是推动借壳上市热潮的根源所在。A股难以退市，便形成了更多的壳公司，而壳公司的交易又削弱了退市制度，从而形成一种恶性循环，使得资本市场的资源不能得到最优配置，资本环境恶化，严重时可能会导致经济危机。

审核上市风险

早期的公司借壳上市的审核比IPO要容易得多，这也是借壳上市的一个重要优势，但目前来看，两者审核难度已相差无几。中国证监会2012年修改《上市公司重大资产重组管理办法》（以下简称《重组办法》），明确了借壳上市的概念及审核要求，2014年进一步修改《重组办法》，对借壳上市的审核要求等同于IPO，2016年修订的《重组办法》中对借壳上市的要求延续了2014版，这也标志着我国证券市场对借壳上市的要求更加严苛，并且创业板不得借壳上市。

5.3.4 借壳上市的典型案例

【案例1】长江传媒与华源发展

（1）壳公司：华源发展。

华源发展是由华源集团控股的大型国有企业，主营业务包括纺织、印染、服装等，国企背景使其在服装加工及外贸出口方面具有绝对的优势。

（2）借壳公司：长江传媒。

长江出版传媒股份有限公司是一家大型国有上市公司，经营国家授权范围内的国有资产并开展相关的投资业务，主营业务包括编辑出版、印刷发行、报纸期刊、包装装潢、电子出版、新媒体开发运营等。

（3）借壳过程。

第一步：2010年11月1日，长江传媒采用司法拍卖的方式，购买华源发展原第一大股东中国华源集团有限公司持有的华源发展190127100股有限售条件的流通股和原第八大股东上海华源投资发展（集团）有限公司持有的华源发展3560100股有限售条件的流通股，合计占华源发展总股份的35.0773%。

第二步：拍卖标的股票减去按照华源发展破产重整计划让渡股票后的余额，构成本公司实际竞买取得的华源发展股票。

【案例2】百视通与广电信息

（1）壳公司：广电信息。

广电信息产业股份有限公司是我国电子信息行业大型骨干企业之一，主营业务包括数字光学电视、等离子彩电、LED显示屏以及通信类设备、IT类产品的研产销等，是中国电子信息产业的龙头企业。

（2）借壳公司：百视通。

百视通公司（BesTV）由上海文化广播影视集团和清华同方股份公司合资组建而成，主营业务包括新媒体视听、交互式网络电视等。百视通依托东方明珠新媒体、上海文化广播影视集团，在业务创新、新媒体运营等领域具有较强的优势。百视通在中国的IPTV中居于产业先锋的地位，曾被国际媒体评价为全球最著名的IPTV产业品牌之一。

（3）借壳过程。

第一步：上海广播电台旗下的东方传媒公司以19.9亿元的资金收购仪电集团持有的广电信息公司的2.59亿股股票，平均每股7.67元，占总股本的36.6%。

第二步：广电信息公司向仪电集团出售大部分经营性资产，经评估，出售资产约32亿元。

第三步：广电信息向东方传媒和清华同方股份定向增发股票，同时东方传媒和清华同方股份将百视通技术100%股权、文广科技100%股权、广电影视制作100%股权以及上海信息投资股份有限公司21.33%股权转让给广电信息公司，以上资产的评估值约43亿元，定向增发的股票每股价格7.67元，但最终发行数量尚未确定。

【案例3】浙报传媒与*ST白猫

（1）壳公司：*ST白猫。

上海白猫股份有限公司最初是以牙膏生产起家，经过数十年的不断探索和发展，主营业务从牙膏拓展到纸制品、净化剂、化学日用品、服装、包装装潢等多个领域，并且随着经济全球化的快速发展，白猫股份已经涉足贸易进出口方面，业务包括本企业自产产品及技术的出口，本企业生产、科研所需且符合国家规定的原材料、零配件、机械设备以及技术的出口等。

（2）借壳公司：浙报传媒。

浙报传媒集团股份有限公司是浙江日报报业集团旗下的一家大型传媒公司，是统筹运营经营性资产的市场主体，主营业务涉及杂志报纸的印刷出版、广告投放、信息咨询服务及新媒体等领域，负责运营的媒体超过35家，读者规模达到500万人，产业规模在国内报业名列前茅，连续四年获得广告信用指数满分的好成绩，多次入选“全国文化企业30强”的名单。

（3）借壳过程。

第一步：白猫股份将截至2010年9月30日的全部资产和负债（除应付股利及对应的货币资金外）出售给浙报传媒集团，同时浙报传媒将自身持有的报刊传媒类经营性资产的股权转让给白猫股份，完成两者之间的资产置换，且浙报控股置出的全部资产，指定由白猫下属全资子公司美加净受让。

第二步：白猫股份向浙报控股公开发行股份，收购其置出的资产，差额由白猫股份向浙报控股非公开发行股份购买。发行价格确定为每股7.78元，最终确定实际发行2.78亿股。

最终交易完成后，浙报传媒占上市公司总股本的64.62%，成为新的大股东，原大股东新洲集团持股比例下降至9.76%，但持股数量未发生变化，新洲集团降为第二大股东。

5.4　资产收购的操作程序与实战攻略

5.4.1　资产收购的类型与方式

资产收购指的是一家企业购买另一家企业的实质经营性资产的交易，被收购的一方称为目标公司。目标公司可以售出全部资产，也可以售出部分资产，最终要根据出售资产的份额及其在公司总资产中的占比来确定是由公司的股东会作出决议还是由公司的董事会作出决议。

在资产收购中，按照相关的法律规定，收购企业可以剔除目标公司的负债，从而避免或者降低目标公司负债对企业的影响，这是资产收购的显著优点。但资产收购也有缺点，主要表现在以下几个方面：收购企业无法承接目标公司的经营资质、经营许可，无法享受目标公司的税收优惠；目标公司接受资产收购之后，需要缴纳营业税、土地增值税和企业所得税等，税负较高。

按照不同的划分标准，资产收购可以划分为不同的类型，如图5–7所示。

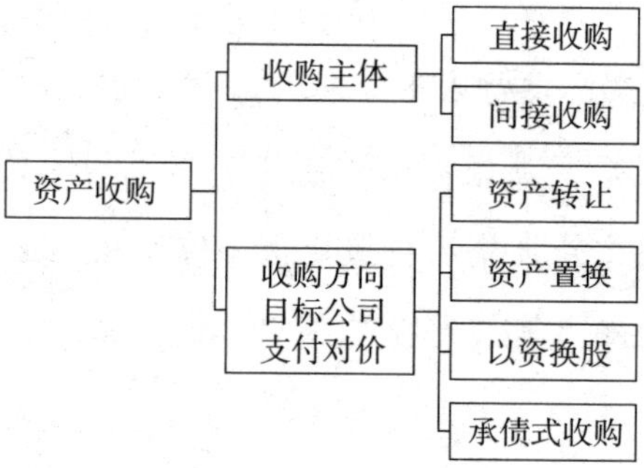

图5–7　资产收购的分类

按收购主体划分资产收购方式

按收购主体划分，资产收购可分为直接收购和间接收购。

（1）直接收购：收购方与目标公司签订关于收购资产的合同后，将收购资产进行利用的过程。一般有3种情况，分别是设立独资子公司、合资子公司、目标公司设立分公司，将受让资产为己所用或者拨付分公司使用。

（2）间接收购：收购方一般采用壳公司的形式，设立在目标公司所在地且形式一般为独资或者控股。在进行收购时，收购方不直接以自己的名义，而是以所设立的壳公司名义与目标公司签订合同。在实务中，还有一种收购也属于间接收购，其交易目的在于取得目标公司的特定财产而不是控股权，因此，这种特殊间接收购形式上是股权收购，实质上却是资产收购。

在具体实践中，选择直接收购还是间接收购，应该根据收购后公司的发展战略部署、经营主体安排、税负成本、交易所涉及的各方意愿等决定。

按收购方向目标公司支付对价划分资产收购方式

按收购方向目标公司支付对价划分，资产收购主要包括资产转让、资产置换、以资换股、承债式收购等。

（1）资产转让：收购方直接以货币资金进行对价支付，以获得收购资产所有权。

（2）资产置换：收购方对价支付的是资产，即交易双方相互以资产进行置换。

（3）以资换股：收购方不需要支付现金，而是以发行股票作为支付对价的手段，收购完成后目标公司成为收购方股东。

（4）承债式收购：主要应用在对资不抵债企业的收购中，收购方承担或者偿清目标公司相应债务并以其作为支付对价手段，但这种债务的承担不是概括性的承担，需要经过债权人明确的同意才能转移。

以上各类收购方式不是单一的、不可变通的，在实际操作中可以灵活地交叉混合使用。一般情况下，收购方都会采用资产转让的方式进行收购，但面对内容多样、复杂的资产重组时，也可能采用资产置换、以资换股、承债收购等特殊方式进行收购。

5.4.2 收购标的的关注要点

尽职调查关注的核心

资产收购的交易标的是资产，交易时关注的是资产作为物本身，以及物的所有权、用益物权等的合法性，具体如表5–9所示。

表 5–9 资产收购尽职调查的三大重点

重点事项	具体内容
资产本身状况	如资产的质量、先进性、完整性和使用年限等
资产权属状况	如资产的权属清晰与否以及其权利是否受限等
目标公司处分权的合法性	如目标公司对财产在法律规定的范围内是否有最终的处分权，是否因为目标公司的性质和内部相关治理文件导致操作过程中必须履行评估、进行交易和有关部门进行审批等程序，重大资产交易时，是否需要按照相关交易程序履行相关决策批准程序

明确收购的范围

资产收购中收购标的一般包括目标公司的固定资产（房屋、建筑物、设备）、无形资产（土地使用权、商标、专利）、股权资产和流动资产等，必须将资产收购范围优先确定，放在核心地位，才能为一切交易打好基础。

（1）不属于收购范围的收购资产：即那部分与公司收购目的或营业毫无关系的资产、报废或处于闲置状态的不良资产、权属不明确或存在争议和纠纷的资产。

（2）需要进行特殊处理、慎重对待的收购资产：随时可能发生变动的资产，比如那些已经生产完成的产品、库存中的存货和等待加工的原材料等，在收购时应该提前进行调查和预估，较为妥善的处理方式是明确定价方法，交割结算；债权资产，严格意义上来说只应该收购那部分与经营业务密切相关、债权债务明晰、处在有效诉讼时效期间内的债权，在确定相关定价时也应该提前了解、关注其未来的清偿情况；设定了抵质押等限定性权益的资产，这部分资产要慎重安排，必须取得抵质押权人的书面同意或签署三方协议，明确解除抵质押、支付价款、办理过户登记等相关流程。

5.4.3 资产收购的接续问题

收购的资产中往往包括不同形态的资产，比如动产、不动产、无形资产以及股权资产等，不同的资产由于形态的不同导致其权属的转移方式也存在很大的差异。交易过程中，除了要完成交付之外，还应该重视完成所有权等权属的转移。单单从转让资产的履行方面来看就十分复杂，企业资产收购与一般的商品买卖和资产转让存在较大差异，资产收购的目的是取得目标公司的主营业务和市场，在合同、业务、人员的接续上不存在断裂的问题。

（1）有关转让资产权属和转让资产正常使用的合同，如知识产权合同、水电暖供应合同、在建工程相关合同以及收购资产的保修和技术维护合同等，都必须在收购时一并转让，以方便收购方履行。

（2）有关接续业务、稳定市场的业务合同，应该以双方利益均不受损为前提进行处理，在双方签订三方协议或另行签署有关协议的前提之下，适当地予以接受。

（3）对于资产收购后依旧在原地经营的，收购后的人员持续问题则根据一般原则，即员工与原公司解除劳动合同后，根据收购方的具体需要择优选择是否继续聘用。

（4）资产收购中目标公司的债务不在收购范围内，这是一个基本的原则问题。但如果债务与收购资产直接相关、不可分离，则另当别论。原资产的分期付款安排、主要业务客户账款欠付等都是特殊情况，如非必要，一般监督目标公司从资产收购款项中予以支付和解决。

5.4.4 收购方的内部决策程序

违反内部决策程序的效力问题

对于公司合并、股权收购，与之相关的公司内部股东会的决策程序是决定其最终能否实施生效的必然要求，也是公司严格履行《公司法》和公司章程相关规定的表现。那么，在资产并购中，如果出现交易对方没有遵守或没完全遵守公司内部相关决策程序的情况，对于资产转让合同的相应效力是否会有影响呢？这种情况与公司对外担保、法定代表人未按照相关规定超越公司授权所决定的事项是否具有交易效力等问题的原理一样，即外部交易行为的效力是否被内部决策程序所制约和影响。

《公司法》第二十二条规定："公司股东会或者股东大会、董事会的决议内容违反法律、行政法规的无效。股东会或者股东大会、董事会的会议召集程序、表决方式违反法律、行政法规或者公司章程，或者决议内容违反公司章程的，股东可以自决议作出之日起六十日内，请求人民法院撤销。公司根据股东会或者股东大会、董事会决议已办理变更登记的，人民法院宣告该决议无效或者撤销该决议后，公司应当向公司登记机关申请撤销变更登记。”

同时，《公司法司法解释（四）》第十一条规定：“人民法院判决股东会或者股东大会、董事会决议不存在、未形成有效决议、决议无效或者撤销决议的，该决议自始没有法律约束力。”

如果该情形一旦出现，决议却自始没有法律约束力，那么依据决议签署的协议的效力如何?

在笔者看来，股东会、董事会决议无效或撤销制度，是公司内部决策和管理的关键性规范，但收购方和目标公司之间的交易并不是内部的决策，而是属于公司整体与外部主体之间的交易。也就是说内部控制程序，原则上不能约束交易相对人，不宜认为合同无效。适用于《合同法》有关规定，出于保护善意第三人和维护交易安全的考虑，在公司内部意思形成过程存在瑕疵的情况下，只要对外的表示行为不存在无效的情形，公司就应受其表示行为的制约。所以，一般情况下，公司与外部第三方的交易行为，即使股东会、董事会决议无效或撤销，也不影响其法律效力。2017年10月1日开始实施的《民法总则》第六十一条“法人章程或者法人权力机构对法定代表人代表权的限制，不得对抗善意相对人”，对解决这一类型的纠纷具有重要作用，也为之提供了相应的法律依据。

在上述标准下，如何认定收购方是否为善意相对人成了具体实践中相关效力认定的核心，一旦认定收购方并非善意相对人，股东会、董事会决议无效或撤销。目标公司可依据《合同法》第五十二条维权：“有下列情形之一的，合同无效：

（1）一方以欺诈、胁迫的手段订立合同，损害国家利益；

（2）恶意串通，损害国家、集体或者第三人利益；

（3）以合法形式掩盖非法目的；

（4）损害社会公共利益；

（5）违反法律、行政法规的强制性规定。”

《合同法》第五十六条：“无效的合同或者被撤销的合同自始没有法律约束力。合同部分无效，不影响其他部分效力的，其他部分仍然有效。”进行维权，还可以提起股东代表诉讼，主张合同无效或可撤销。通常，上市公司或者挂牌公司会对外公示公司的相关章程或授权规定，在这种情况下，如果上市公司、挂牌公司在交易时未遵守公司章程等规定，交易相对方将不会被认定为善意相对人，与之相对应的，资产收购交易的效力也会存在一定的瑕疵。

重大资产收购引发异议后股东的强制回购股权请求权对资产收购效力的影响

《公司法》第七十四条规定：“有下列情形之一的，对股东会该项决议投反对票的股东可以请求公司按照合理的价格收购其股权：

（1）公司连续五年不向股东分配利润，而公司该五年连续盈利，并且符合本法规定的分配利润条件的；

（2）公司合并、分立、转让主要财产的；

（3）公司章程规定的营业期限届满或者章程规定的其他解散事由出现，股东会会议通过决议修改章程使公司存续的。

自股东会会议决议通过之日起六十日内，股东与公司不能达成股权收购协议的，股东可以自股东会会议决议通过之日起九十日内向人民法院提起诉讼。”

该条款的制度设计是为了解决中、小股东权益保护，异议股东强制回购股权请求权等相关事项，但该制度只涉及异议股东与目标公司之间的诉讼，请求权也只是要求目标公司按照合理的价格进行股权的收购，不涉及目标公司的决议效力，也不涉及收购方与目标公司之间的合同效力。因此，关于异议股东强制回购股权的诉讼纠纷，并不能直接影响到收购方与目标公司之间的交易。

特殊情况下，如在收购资产还未完成交付、登记前发生了上述诉讼，异议股东也对相关交易资产进行了诉讼保全措施，则资产收购中的合同履行受该诉讼保全行为的影响和制约。因此，资产的收购方不能忽视交易过程中作为出售方的目标公司内部决策程序的实施情况，要全方位了解目标公司，保证资产收购的平稳进行。

第6章　风险控制

6.1　并购重组的法律风险及案例剖析

6.1.1　并购标的权属纠纷风险

《上市公司重大资产重组管理办法》第十一条规定：“重大资产重组所涉及的资产权属清晰，资产过户或者转移不存在法律障碍，相关债权债务处理合法。”第四十三条规定上市公司发行股份购买资产，应当“充分说明并披露上市公司发行股份所购买的资产为权属清晰的经营性资产，并能在约定期限内办理完毕权属转移手续”。

【案例分析】2015年9月29日，富春通信（300299.SZ）发布公告称，其拟以8.64亿元的价格收购春秋时代（天津）影业有限公司（简称“天津春秋时代”）80%的股权。天津春秋时代旗下影片《战狼》累计票房收入5.43亿元，由此天津春秋时代在业务收入上高达9182.38万元，净利润7886.89万元。《战狼》原本由北京春秋时代文化有限公司（简称“北京春秋时代”）于2011年后投资拍摄。2016年1月，吕建民（天津春秋时代法定代表人、原北京春秋时代实际控制人）和天津春秋时代在转移《战狼》权利的关联交易中，由于未经过股东会审议程序，违反了《公司法》相关规定，鉴于此，北京春秋时代法定代表人邓湘文等以给北京春秋时代造成重大损失为由，向吕建民、天津春秋时代提起诉讼，要求返还全部收益，并且北京春秋时代享有《战狼》以及由北京春秋时代无偿赠予天津春秋时代的《幻想曲》《寻找罗麦》等电影的知识产权。针对上述纠纷争议，证监会通过标的公司核心资产涉诉，对富春通信的重大资产重组方案予以否决。

【实战解读】对于上市公司并购重组方案，需要严格审核、披露拟注入的资产，保障资产权属明确，规避各种法律纠纷等瑕疵的出现。目前，较为常见的瑕疵情形包括以下几个方面，但也不限于此：

（1）拟并购的股权本身存在权利瑕疵；

（2）出让方原始出资行为存在瑕疵；

（3）主体资格存在瑕疵；

（4）主要财产和财产权利风险；

（5）重大债权债务风险；

（6）诉讼、仲裁和行政处罚风险；

（7）产品质量、税务、环保、技术等标准风险；

（8）劳动用工风险等。

基于上述情况，必须对交易标的存在瑕疵的具体情形和具体原因、可能造成的法律风险、可行性应对措施如实审核和披露。

6.1.2 并购重组中的垄断风险

《中华人民共和国反垄断法》第二十条规定："经营者集中是指以下情形：（一）经营者合并；（二）经营者通过取得股权或者资产的方式取得对其他经营者的控制权；（三）经营者通过合同等方式取得对其他经营者的控制权或者能够对其他经营者施加决定性影响。"

第二十一条规定："经营者集中达到国务院规定的申报标准的，经营者应当事先向国务院反垄断执法机构申报，未申报的不得实施集中。"

第三十一条规定："对外资并购境内企业或者以其他方式参与经营者集中，涉及国家安全的，除依照本法规定进行经营者集中审查外，还应当按照国家有关规定进行国家安全审查。"

基于上述规定，在审核上市公司收购、重大资产重组、吸收合并等事项的过程中，行政许可申请人及相关专业机构需要满足几点要求，如表6–1所示。

表 6–1 行政许可申请人及相关机构需满足的五点要求

序号	要求
1	在提供申报材料时，行政许可申请人必须注明其经营者集中行为是否满足国务院规定的申报标准，并提供相关依据
2	满足申报标准的，行政许可申请人必须提供国务院反垄断执法机构作出的不实施进一步审查的决定或对经营者集中不予禁止的决定，否则禁止实施相关并购重组行为
3	行政许可申请人聘请的财务顾问必须核查相关经营者集中行为是否达到国务院规定的申报标准、是否符合有关法律规定等，最后出具专业意见
4	针对相关经营者集中行为是否符合《中华人民共和国反垄断法》的有关规定、是否已经有权部门审查批准、是否存在法律障碍等问题，行政许可申请人聘请的法律顾问需给出明确意见
5	作为信息披露文件的组成部分，上述行政许可申请人的有关说明、国务院反垄断执法机构作出的有关决定以及相关专业机构给出的专业意见必须及时公告

【案例分析】2008年9月3日，可口可乐（KO.US）旗下全资附属公司大西洋公司拟以179.2亿港元收购汇源果汁全部已发行的股权。中华人民共和国商务部（简称“商务部”）从反垄断角度考量，审核后认定，禁止可口可乐并购汇源果汁。具体理由是，可口可乐和汇源果汁分别作为碳酸饮料和果汁市场的“领头羊”，两者一旦合并，可口可乐在碳酸饮料及果汁市场的垄断地位将进一步加强，不仅会给汇源果汁企业造成一定的冲击，也将排挤其他中小企业，影响长远发展。

【实战解读】《中华人民共和国反垄断法》对经营者集中的事前申报制度有严格的规定，在控制经营者集中作为方面发挥了极其重要的作用，是防止垄断和保护竞争的重要举措。国务院规定事前申报制度的申报标准，商务部负责具体实施经营者集中审查工作，一旦达到申报标准就必须申报，申报后，商务部集中审查市场集中度和市场份额等，并掌握着最终的决定权。

6.1.3 业绩承诺无法实现风险

《上市公司重大资产重组管理办法》第五十九条规定：“重大资产重组实施完毕后，凡因不属于上市公司管理层事前无法获知且事后无法控制的原因，上市公司所购买资产实现的利润未达到资产评估报告或者估值报告预测金额的80%，或者实际运营情况与重大资产重组报告书中管理层讨论与分析部分存在较大差距的，上市公司的董事长、总经理以及对此承担相应责任的会计师事务所、财务顾问、资产评估机构、估值机构及其从业人员应当在上市公司披露年度报告的同时，在同一报刊上作出解释，并向投资者公开道歉；实现利润未达到预测金额50%的，中国证监会可以对上市公司、相关机构及其责任人员采取监管谈话、出具警示函、责令定期报告等监管措施。”

【案例分析】2013年，蓝色光标（300058.SZ）发布公告称，公司拟以现金及发行股份购买从事电视、院线广告业务的博杰广告有限公司（简称“博杰广告”）的资产。同年，完成本次重组。在移动端广告和互联网广告的影响下，央视频道市场份额和收视率逐渐下降，电视广告投放总量呈下滑趋势，2015年，博杰广告成功归属于母公司股东扣除非经常性损益后的净利润达9480.03万元，比承诺净利润低至27376万元，盈利预测尚未达到标准。2015年博杰广告面临巨大商誉减值风险，其中商誉减值1.09亿元，无形资产减值6亿元，累计减值7.09亿元。2015年年报显示，蓝色光标商誉突破46.03亿元，但其净资产只有42.16亿元。

【实战解读】标的公司股东主观逐利性强烈，表现为以应承未来高额业绩来交换重组下的超量股份和现金。一旦无法达到业绩应承，一方面将为上市公司商誉和减值带来巨大损失，可能造成股价大幅度上下波动；另一方面业绩补偿不到位而导致的法律风险可能大大增加。

6.1.4 损害投资者合法权益风险

《上市公司重大资产重组管理办法》第十一条第三项规定：“重大资产重组所涉及的资产定价公允，不存在损害上市公司和股东合法权益的情形。”第五十三条规定：“上市公司重大资产重组因定价显失公允、不正当利益输送等问题损害上市公司、投资者合法权益的，由中国证监会责令改正，并可以采取监管谈话、出具警示函等监管措施；情节严重的，可以责令暂停或者终止重组活动，处以警告、罚款，并可以对有关责任人员采取市场禁入的措施。”

【案例分析】2016年9月，申科股份（002633.SZ）公告称，公司拟以现金及发行股份收购紫博蓝网络科技（北京）股份有限公司的全部股权，其中，拟支付现金7.74亿元，以15.51元/股发行8550万股股票，总价为21亿元。之后，上市公司并购重组审核委员会审核后给出意见：据申请材料显示，本次交易完成后，上市公司实际控制人存在认定依据上的披露不充分，标的公司本次交易总价与历次股权转让定价存在差异合理性上的披露不充分，与《上市公司重大资产重组管理办法》的相关规定不相符。

【实战解读】对于重大资产重组而言，资产评估结果通常作为资产交易定价的根据，上市公司在选择资产评估机构时，应当聘请符合《证券法》相关规定的资产评估机构，并要求资产评估机构出具资产评估报告。在评估标的公司交易总价与历次股权转让定价差异合理性方面，可以重点参考以下几点内容：①交易标的本次交易价格与历次增资、股权转让价格存在较大差异的起因；②估值的合理性；③影响估值的风险因素是否值得研究；④影响估值和定价的因素应当具体披露。

6.2 并购重组中的内幕交易风险防范

6.2.1 内幕交易的法律体系

内幕交易是指证券市场的内幕信息知情人或非法获取内幕信息的人，在内幕信息公开前买卖相关证券，或通过泄露内幕信息、建议他人买卖相关证券，以期获取不正当收益的行为。相关研究表明，内幕交易行为易发生于信息环境较差的中小市值企业中，且上市公司并购重组领域是内幕交易发生的“重灾区”。

随着我国资本市场的创新发展，内幕交易的数量逐年增加，且交易行为越来越复杂和隐蔽。针对证券市场违法违规行为，2021年7月6日，中共中央办公厅、国务院办公厅印发了《关于依法从严打击证券违法活动的意见》(以下简称《意见》)，对加快健全证券执法司法体制机制，加大重大违法案件查处惩治力度，加强跨境监管执法协作，夯实资本市场法治和诚信基础，推动形成崇法守信的良好市场生态作出重要部署。

《意见》将“建制度、不干预、零容忍”九字方针作为资本市场执法的指导思想，明确了资本市场未来五年打击证券违法活动的主要目标。《意见》坚持对欺诈发行、虚假陈述、操纵市场、内幕交易、利用未公开信息交易以及编造、传播虚假信息等重大违法案件“零容忍”要求，对此类违法案件依法从严从快查处，同时加大对发行人控股股东及实际控制人、违法中介机构及其从业人员等的追责力度。

我国关于内幕交易的法律规制体系如表6-2所示。

表 6-2　内幕交易的法律规制体系

规范层级	名称	颁布机关	主体的规定
法律	《中华人民共和国证券法》（2019年修订）	全国人大及其常委会	第五十条：禁止内幕交易；第五十一条：内幕信息知情人；第五十二条：内幕信息定义；第五十三条：不得买卖内幕信息所涉证券，以及民事赔偿责任；第五十四条：禁止利用未公开信息买卖证券
	《中华人民共和国刑法》（2020年修订）	全国人大及其常委会	第一百八十条：内幕交易、泄露内幕信息罪；利用未公开信息交易罪
司法解释	《最高人民法院、最高人民检察院关于办理内幕交易、泄露内幕信息刑事案件具体应用法律若干问题的解释》（2012年发布）	最高人民法院、最高人民检察院	第一、第二条：进一步解释"证券、期货交易内幕信息的知情人员"及"非法获取证券、期货交易内幕信息的人员"
部门规章	《上市公司监管指引第5号——上市公司内幕信息知情人登记管理制度》（2022年1月5日修订）	中国证券监督管理委员会	加强上市公司内幕信息知情人管理
	《上市公司信息披露管理办法》（2021年发布）	中国证券监督管理委员会	第三条：信息披露义务，以及对尚未披露信息的保密义务
	《上市公司重大资产重组管理办法》（2020年修正）	中国证券监督管理委员会	第七条：对重大资产重组信息的保密义务，以及禁止利用重大资产重组信息从事内幕交易
	《关于依法打击和防控资本市场内幕交易的意见》（2010年发布）	中国证监会、公安部、监察部、国资委、预防腐败局	第一、第二条：明确内幕交易、内幕信息的范围，以及重点打击行为

6.2.2　内幕信息的相关概念

内幕信息的知情人

我国《证券法》第五十一条规定，禁止证券交易内幕信息的知情人和非法获取内幕信息的人利用内幕信息从事证券交易活动，并对内幕信息知情人的范围进行了界定，主要是指内幕信息公开前直接或者间接获取内幕信息的人，如表6–3所示。

表 6–3　内幕信息知情人的法律界定

序号	具体内容
1	发行人及其董事、监事、高级管理人员
2	持有公司5%以上股份的股东及其董事、监事、高级管理人员，公司的实际控制人及其董事、监事、高级管理人员
3	发行人控股或者实际控制的公司及其董事、监事、高级管理人员
4	由于所任公司职务或者因与公司业务往来可以获取公司有关内幕信息的人员
5	上市公司收购人或者重大资产交易方及其控股股东、实际控制人、董事、监事和高级管理人员
6	因职务、工作可以获取内幕信息的证券交易场所、证券公司、证券登记结算机构、证券服务机构的有关人员
7	因职责、工作可以获取内幕信息的证券监督管理机构工作人员
8	因法定职责对证券的发行、交易或者对上市公司及其收购、重大资产交易进行管理可以获取内幕信息的有关主管部门、监管机构的工作人员
9	国务院证券监督管理机构规定的可以获取内幕信息的其他人员

内幕信息

《证券法》第五十二条规定，证券交易活动中，涉及发行人的经营、财务或者对该发行人证券的市场价格有重大影响的尚未公开的信息，均为内幕信息。具体来说，内幕信息包括但不限于《证券法》第八十条、第八十一条规定的投资者尚未得知的、对上市公司及其股票或债券价格造成影响的重大事件，如表6–4所示。

表 6–4　内幕信息的法律界定

法律界定	具体内容
对上市公司及其股票价格产生影响的重大事件	公司的经营方针和经营范围发生重大变化； 公司的重大投资行为，公司在一年内购买、出售重大资产超过公司资产总额30%，或者公司营业用主要资产的抵押、质押、出售或者报废一次超过该资产的30%； 公司订立重要合同、提供重大担保或者从事关联交易，可能对公司的资产、负债、权益和经营成果产生重要影响； 公司发生重大债务和未能清偿到期重大债务的违约情况； 公司发生重大亏损或者重大损失； 公司生产经营的外部条件发生重大变化； 公司的董事、三分之一以上监事或者经理发生变动，董事长或者经理无法履行职责； 持有公司5%以上股份的股东或者实际控制人持有股份或者控制公司的情况发生较大变化，公司的实际控制人及其控制的其他企业从事与公司相同或者相似业务的情况发生较大变化； 公司分配股利、增资的计划，公司股权结构的重要变化，公司减资、合并、分立、解散及申请破产的决定，或者依法进入破产程序、被责令关闭； 涉及公司的重大诉讼、仲裁，股东大会、董事会决议被依法撤销或者宣告无效； 公司涉嫌犯罪被依法立案调查，公司的控股股东、实际控制人、董事、监事、高级管理人员涉嫌犯罪被依法采取强制措施； 国务院证券监督管理机构规定的其他事项
对上市公司及其债券价格产生影响的重大事件	公司股权结构或者生产经营状况发生重大变化； 公司债券信用评级发生变化； 公司重大资产抵押、质押、出售、转让、报废； 公司发生未能清偿到期债务的情况； 公司新增借款或者对外提供担保超过上年末净资产的百分之二十； 公司放弃债权或者财产超过上年末净资产的百分之十； 公司发生超过上年末净资产百分之十的重大损失； 公司分配股利，作出减资、合并、分立、解散及申请破产的决定，或者依法进入破产程序、被责令关闭； 涉及公司的重大诉讼、仲裁； 公司涉嫌犯罪被依法立案调查，公司的控股股东、实际控制人、董事、监事、高级管理人员涉嫌犯罪被依法采取强制措施； 国务院证券监督管理机构规定的其他事项

内幕交易行为

《最高人民法院、最高人民检察院关于办理内幕交易、泄露内幕信息刑事案件具体应用法律若干问题的解释》第二条对内幕交易行为作出了相关规定，如表6–5所示。

表 6–5　内幕交易行为的法律界定

序号	具体内容
1	利用窃取、骗取、套取、窃听、利诱、刺探或者私下交易等手段获取内幕信息的
2	内幕信息知情人员的近亲属或者其他与内幕信息知情人员关系密切的人员，在内幕信息敏感期内，从事或者明示、暗示他人从事，或者泄露内幕信息导致他人从事与该内幕信息有关的证券、期货交易，相关交易行为明显异常，且无正当理由或者正当信息来源的
3	在内幕信息敏感期内，与内幕信息知情人员联络、接触，从事或者明示、暗示他人从事，或者泄露内幕信息导致他人从事与该内幕信息有关的证券、期货交易，相关交易行为明显异常，且无正当理由或者正当信息来源的

6.2.3　并购重组的内幕交易

根据《证券法》及其相关规定，中国语境下的上市公司并购重组包括上市公司收购、重大资产重组、股份回购、合并、分立等对上市公司股权结构、资产组合、业务开展等产生重大影响的活动。上市公司并购重组中的内幕交易是指上市公司在并购重组过程中，内幕信息知情人利用其提前获悉的信息内容，违反法律规定对公司的证券进行买卖，或将该内幕信息泄露给其他人，或鼓动、促使其他人买卖证券的行为。

在实务操作中，上市公司一般会在与潜在并购或重组交易对方初步达成实质性意向后，向董事会提交并购或重大资产重组预案，并由董事会依法作出决议。根据《上市公司重大资产重组管理办法》第二十二条的规定："上市公司应当在董事会作出重大资产重组决议后的次一工作日披露董事会决议及独立董事的意见和重大资产重组预案。"也就是说，上市公司重大资产重组预案披露日一般即为并购重组首次披露日。

根据《上海证券交易所股票上市规则（2022年1月修订）》第2.2.4条的规定，上市公司及相关信息披露义务人应当在涉及的重大事项触及下列任一时点及时履行信息披露义务：

（1）董事会或者监事会作出决议；

（2）签署意向书或者协议（无论是否附加条件或期限）；

（3）公司（含任一董事、监事或者高级管理人员）知悉或者应当知悉该重大事项发生。

重大事项尚处于筹划阶段，但在前款规定的时点之前出现下列情形之一的，公司及相关信息披露义务人应当及时披露相关筹划情况和既有事实：

（1）该重大事项难以保密；

（2）该重大事项已经泄露或者出现市场传闻；

（3）公司股票及其衍生品种的交易发生异常波动。

如果上市公司在规定时间无法按规定披露重大事项的详细情况的，可以先披露提示性公告说明该重大事项的基本情况，解释未能按要求披露的原因，并承诺在2个交易日内披露符合要求的公告。

由于上市公司并购重组的参与方众多，包括上市公司及其实际控制人、董监高、并购重组交易对方、证券公司及其他证券服务机构，因而相关交易信息的保密工作非常重要。

《上市公司重大资产重组管理办法（2020年修正）》第四章规定了

上市公司重大资产重组的信息管理，要求上市公司及其董事、监事、高级管理人员，重大资产重组的交易对方及其关联方，交易对方及其关联方的董事、监事、高级管理人员或者主要负责人，交易各方聘请的证券服务机构及其从业人员，参与重大资产重组筹划、论证、决策、审批等环节的相关机构和人员，以及因直系亲属关系、提供服务和业务往来等知悉或者可能知悉股价敏感信息的其他相关机构和人员，在重大资产重组的股价敏感信息依法披露前负有保密义务，禁止利用该信息进行内幕交易。

该规定同时要求上市公司在筹划重大资产重组事项时，应当详细记载筹划过程中每一具体环节的进展情况，包括商议相关方案、形成相关意向、签署相关协议或者意向书的具体时间、地点、参与机构和人员、商议和决议内容等，制作书面的交易进程备忘录并予以妥当保存。参与每一具体环节的所有人员应当及时在备忘录上签名确认。上市公司预计筹划中的重大资产重组事项难以保密或者已经泄露的，应当及时向证券交易所申请停牌，直至真实、准确、完整地披露相关信息。停牌期间，上市公司应当至少每周发布一次事件进展情况公告。

6.2.4　内幕交易的法律后果

内幕交易行为一旦被认定，即存在承担相应法律责任的可能性，具体包括刑事责任和民事责任。

关于行政责任，《证券法》第一百九十一条规定："证券交易内幕信息的知情人或者非法获取内幕信息的人违反本法第五十三条的规定从事内幕交易的，责令依法处理非法持有的证券，没收违法所得，并处以违法所得一倍以上十倍以下的罚款；没有违法所得或者违法所得不足五十万元的，处以五十万元以上五百万元以下的罚款。单位从事内幕交易的，还应当对直接负责的主管人员和其他直接责任人员给予警告，并处以二十万元以上二百万元以下的罚款。国务院证券监督管理机构工作人员从事内幕交易的，从重处罚。违反本法第五十四条的规定，利用未公开信息进行交易的，依照前款的规定处罚。”

同时，《证券法》第二百二十一条规定：“违反法律、行政法规或者国务院证券监督管理机构的有关规定，情节严重的，国务院证券监督管理机构可以对有关责任人员采取证券市场禁入的措施。前款所称证券市场禁入，是指在一定期限内直至终身不得从事证券业务、证券服务业务，不得担任证券发行人的董事、监事、高级管理人员，或者一定期限内不得在证券交易所、国务院批准的其他全国性证券交易场所交易证券的制度。”

关于刑事责任，《中华人民共和国刑法》第一百八十条规定：“证券、期货交易内幕信息的知情人员或者非法获取证券、期货交易内幕信息的人员，在涉及证券的发行，证券、期货交易或者其他对证券、期货交易价格有重大影响的信息尚未公开前，买入或者卖出该证券，或者从事与该内幕信息有关的期货交易，或者泄露该信息，或者明示、暗示他人从事上述交易活动，情节严重的，处五年以下有期徒刑或者拘役，并处或者单处违法所得一倍以上五倍以下罚金；情节特别严重的，处五年以上十年以下有期徒刑，并处违法所得一倍以上五倍以下罚金。单位犯前款罪的，对单位判处罚金，并对其直接负责的主管人员和其他直接责任人员，处五年以下有期徒刑或者拘役。

证券交易所、期货交易所、证券公司、期货经纪公司、基金管理公司、商业银行、保险公司等金融机构的从业人员以及有关监管部门或者行业协会的工作人员，利用因职务便利获取的内幕信息以外的其他未公开的信息，违反规定，从事与该信息相关的证券、期货交易活动，或者明示、暗示他人从事相关交易活动，情节严重的，依照第一款的规定处罚。”

关于内幕交易的民事责任，《证券法》第五十三条、第五十四条规定，内幕交易行为、利用未公开信息进行交易，给投资者造成损失的，应当依法承担赔偿责任。

6.2.5 内幕交易的防范措施

为了防止发生内幕交易，企业要规范信息管理与披露，规范并购重组等重大事项决策流程，提高决策效率，具体措施如下。

（1）公司要定期开展培训，提高相关人员的保密意识，防止相关人员因为不了解保密义务导致内幕信息泄露。

（2）公司要控制内幕信息知情人的数量，知情人越少越好。作为内幕信息责任人，公司董事长、董事会秘书等人要承担内幕信息保护职责，确定内幕信息知情人名单，并在知情人档案上签字确认，并要求证券公司、律师事务所等机构予以配合，及时报送内幕信息知情人档案及重大事项进程备忘录。

（3）公司要建立健全信息披露机制，将内幕信息分阶段公开披露，保证信息的真实性、完整性、准确性，为投资者获取信息提供方便，尽量消除信息不对称现象，降低内幕交易发生的概率。

（4）在重大事项或者重大资产重组交易各方初步达成实质性意向之后，或者还没有达成实质性意向但相关信息已经存在泄露风险，上市公司要及时向证券交易所申请股票停牌，将风险公开展示出来。停牌后，上市公司可以就相关问题向专业机构或者监管部门进行咨询或者请示。及时披露风险也是防范内幕交易的重要举措，公司作出停牌决策越果断，越有利于防止内幕信息扩散，防止内幕交易发生。

（5）上市公司及其控股股东、实际控制人在研究筹划公司资产重组事项时，要对组建或者聘请的专业团队给予充分信任，减少决策时间，提高决策效率，并尽量选择在非交易时间段或股票停牌后进行，以降低内幕信息泄露风险。

6.3 企业并购重组的财务风险及防范

6.3.1 并购重组财务风险的概念

企业并购重组是当今世界经济发展中的一个重要趋势，其在各行业、各领域引起了高度重视。企业进行并购重组的目的是达成某些战略目标，具体而言，即通过优化结构、盘活资产、扩大规模等途径来优化资源配置、激活更广阔的发展空间，实现现代经济结构的转型升级。

当前，我国经济正处于稳中求进促进高质量发展的新阶段，受国家政策的大力支持，企业并购重组在提升企业国际竞争力、优化经济结构、转变经济发展方式、化解中国经济发展的难题中发挥着重要作用。

在世界经济竞争激烈的大趋势下，企业并购重组浪潮高涨，企业的产权投资交易成为企业并购重组的核心，而企业并购重组成败的关键是利益主体的整合以及财务风险的防范。本部分深度剖析财务风险及其形成机制，进而寻求企业并购重组成功的有效路径。

就企业并购重组的财务风险而言，企业资金供给不足是其最本质的表现，从经济学角度分析，表现为企业风险的货币化形态。

企业并购重组财务风险的定义

对于企业并购重组财务风险，学术界是这样定义的：企业并购重组的财务风险贯穿企业并购重组全过程，在企业开展并购重组的过程中，通常会藏匿着一些无法预估的风险，在进行调查评估、融资策略选择时可能无法查出这些风险，一旦时机成熟，这些藏匿的风险就会显现，造成财务风险，进而直接导致企业并购重组失败。尽管企业并购重组财务风险有各种各样的表现形式，但从本质上讲，仍然为企业风险的货币化形态。

企业并购重组财务风险的特征

企业并购重组财务风险主要有三个特征。第一个特征是客观现实性，即企业重组与财务风险并存；第二个特征是动态流变性，即企业并购重组财务风险自始至终处在渐进式的、可逆性的发展变化过程中；第三个特征是突发破坏性，即企业并购重组的财务风险积累到一定程度会突然爆发，造成无法预料的后果。

企业并购重组财务风险的负面影响

企业并购重组财务风险给企业造成了严重的负面影响。首先，妨碍了企业并购重组的进程。由于财务风险，致使企业资金流转不通畅，严重阻碍并购重组的推进。其次，对优质资产收购造成了严重的影响。在制订危机缩减收购计划时，优质资产的存留一般是目标企业优先考虑的因素。最后，整合后造成的损失巨大。债务风险、法律纠纷给企业造成损失重大，严重时可能直接导致企业并购重组的失败。

6.3.2 并购重组财务风险的类型

企业在进行并购重组时，可能会在不同企业主体间引发各种不同形式的财务风险，如商誉减值风险、流动性风险、债务风险和运营风险等。究其原因，主要是不同的因素影响以及特定的时空环境变化。

商誉减值风险

企业商誉指的是，在企业并购中，购买企业支付的买价远远大于被购买企业净资产公允价值的溢价部分，其可以有效预期被购买企业未来的时间和现金流。作为一种确切的无形资源，商誉能在未来获得超额收益，而这一切都是目标企业客观估值带来的结果。2006年2月15日，中华人民共和国财政部印发了《企业会计准则第1号——存货》等38项具体准则的通知，具体准则中的《企业会计准则第8号——资产减值》规定，因企业合并所形成的商誉和使用寿命不确定的无形资产，无论是否存在减值迹象，每年都应当进行减值测试。倘若账面价值评估结果低于其资产可收回金额，应当确认相应的商誉减值损失。企业商誉减值对收购主体的利润、现金流有直接影响，一旦影响严重，企业将直接陷入被动的困境。

流动性风险

流动性风险，是指企业在进行并购重组时或重组后，由于过重的债务负担，致使其短期内面临融资不足、支付困难等困境。大多数情况下，从占有资源出发，大多数企业通常实行杠杆收购。这是因为：一方面，一旦并购后的实际收益效果不理想，那么企业可能就面临更大的融资风险，增加融资成本；另一方面，如果并购后企业收益下降并超出预期，就可能影响企业资金流动性和资金支配能力，进而形成财务风险，各种连锁负面反应也会随之出现。

债务风险

并购重组在为企业带来更大发展空间的同时，也可能带来难以预料的债务风险。比如，违法导致的债务风险，当并购的程序等违反相关法律法规要求时，可能会导致相应的债务风险；债务履行方面的风险，如果并购行为发生后企业出现经营困难，可能无法履行后续的债务义务。因此，债务风险也是导致企业并购失败的主要风险之一，当企业没有足够的现金流作为支撑时，债务风险就可能暴露出来，影响企业的正常运转，甚至可能直接导致企业破产。

运营风险

并购重组涉及对企业股权、资产、负债的收购、出售、分立、合并、置换等，因此就有可能引起企业的组织架构、经营战略等发生变化，从而导致运营风险，并进一步加剧企业的财务风险。具体分析来看，在并购重组发生后的相当长的一个时期，企业文化、经营战略等都可能无法被有效融合，企业的组织架构也可能出现混乱，于是便会使得企业业绩下滑、财务危机加重。

6.3.3　并购重组财务风险的成因

企业并购重组造成的财务风险，究其成因，一方面受到企业外部环境的影响，另一方面受到信息不对称等客观因素的影响，但主要还是由企业自身主观因素造成的。

违背市场准则的非理性选择

并购重组是企业在激烈的市场竞争环境中所作出的理性选择。企业在推进并购重组过程中，若不从长远出发或考虑，而是在一些非市场因素的影响下强行转化经济目标，购入不良资产，不仅背离企业并购重组的初衷，难以实现协同效应，也会直接引发财务危机，致使企业陷入财务困境。尤其是在处理法律纠纷和突发事件时，重组后的企业极有可能处于被动地位，隐藏的财务风险也将难以控制。

超出安全边界的盲目扩张

向银行借贷是当前企业并购重组采用的主要融资方式。企业并购融资，一方面可以扩大企业的生产经营规模，另一方面也可以大幅度提升财务杠杆率。然而，提供融资的权益人通常会把固定收益作为交换条件，企业因此盲目扩张，致使财务杠杆超出安全边界，一旦企业未来的现金流不足以支撑财务的成本支出，就可能导致资金流动性不足，引发财务风险。

信息来源过分倚重财务报表数据

企业在开展尽职调查过程中，尤其是在进行评估预判时，容易因缺乏信息来源而过分倚重财务报表数据。而且，由于企业往往把财务报表作为主要的信息来源和价值判断的依据，因此容易忽视相关的会计政策，使得人为操纵的制度性缺陷时常存在于财务报表中，或有事项、期后事项无法得到正常反映，甚至被刻意隐瞒。此外，现行的会计制度与新型的金融工具尚未实现精准契合，无法准确进行会计计量、确认和披露。如果会计报表不能准确地反映售后回租、应收账款抵借、资产证券化、现金调剂等表外融资行为，使得负面信息传递被阻断，那么企业价值与未来盈利能力将可能被直接影响，引发财务风险。

并购整合出现明显滞后倾向

企业重组后财务风险出现的概率与企业收益对重组成本的覆盖程度有决定性关系。而重组企业能否实现收益预期，通常又取决于企业整合过程是否顺利，其协同效应是否得到充分发挥。无视并购企业的差异性存在，也未整合并购企业中的人、物、财、企业文化和战略定位，尤其是未能有效处置被并购企业的不良资产，这些将直接导致企业成本过高，企业未来的盈利能力过低。这一局面的产生必将使企业资金利用效率大幅降低，同时也将拉低并购企业的整体资产质量，妨碍企业信用评级，财务风险随之出现。

缺乏快速反应的预警机制

与执行并购重组前相比，并购重组后企业的组织架构、经营战略等均可能发生变化。比如投资控股并购是通过向目标公司投资从而获得其控制权，在投资控股并购发生后，企业的整合运行就可能受到一些因素的制约，而此时如果缺乏快速反应的预警机制，那么就有可能导致财务风险的发生，直接造成并购重组的失败。

6.3.4　并购重组财务风险的控制

企业并购重组财务风险的有效防范，需要从整体上谋划，全方位、多层次布局。同时，既要在战略定位上出谋划策，也要在操作层面上多管齐下，正确回应。

确立符合企业战略定位的收购原则

企业在推进并购重组过程中，应该立足长远利益和可持续发展，将确立企业战略定位作为首要标准，不应该只注重规模效应，也不能只进行盲目扩张，而是要从企业自身发展战略出发，选择与自身相契合的目标企业，将各种非市场因素的干扰排除在外。

企业进行收购时，只有将企业发展的长远目标和战略定位相契合，才有可能发挥出企业整合后的协同效应，彰显企业自身的优势。与企业战略定位相符合的并购对象一般具有以下几种特征：资源优势互补、规模效益溢出。防范企业并购重组财务风险最根本的措施之一，即选择与企业战略定位相契合的并购目标，共同发挥协同效应。

选择渐进式稳步推进的收购策略

为有效控制并购重组可能带来的财务风险，大多数企业在实践中都会将解决问题的方向聚焦于拓展融资渠道和调整支付方式。而选择渐进式稳步推进的收购策略，不仅有助于避免并购重组决策的失误，实际上也有利于融资渠道的拓展和支付方式的调整。

渐进式收购策略以有序分步推进为侧重点，先实现目标企业部分股权的收购，再参与其生产经营活动，然后对并购可能带来的企业价值进行预判，并以此为由，在扩大收购适时推进与退出投资及时止损之间作出有效选择。这样，既可以实现流动性风险的有效规避，也可以减少失误的频率，在企业整合、发挥更大协同效应方面具有重要促进作用。

规避尽职调查信息不对称陷阱

防范企业并购重组财务风险最有效的途径是确保估价的合理性，而实现这一切的前提是强化尽职调查。强化尽职调查，一方面需要增强责任意识，防止出现重大失误；另一方面需要从科学的态度和评估标准，避免出现信息来源过分倚重财务报表问题，实现以“基础分析价值评估和企业价值评估体系”为核心的构建，以避免尽职调查信息不对称陷阱。

快速整合发挥协同效应

为更快实现协同发展，企业并购重组后最为紧迫的任务就是整合并购企业。企业整合涉及企业方方面面，是一个长期的、复杂的、循序渐进的过程。企业整合包括战略定位的整合以及经营策略、企业文化的融合。

尤其是在企业并购重组过渡时期，不仅要创建科学、统一的财务管理制度，也要突出优化、处置不良资产。在企业并购重组中，资产结构不合理、不良资产偏大是大多数被并购企业存在的难题。因此，企业并购重组后，需要着重处置被并购企业的不良资产，优化资产结构，借助债权转股权、诉讼赔偿、多样化出售、破产清算等手段，有效规避企业并购低效益行为陷阱，达到科学优化企业资源配置的目的。

构建快速反应的财务风险预警机制

在预警防范上花力气创建财务风险预警机制是有效管控企业并购风险、实现防患于未然的重要途径。具体而言，首先要创建权威性的风险控制部门，其要担负起预警风险的责任和使命，合理评估遇到的各种战略决策、政策、审计等风险，并及时做出反应，将并购损失缩减到最低。同时，强化审计独立性。

6.4 企业并购重组的税务风险及控制

6.4.1 合并亏损企业的税收风险

企业在并购过程中会面临各种税收风险的考验，如果不加以重视，将会给并购后的企业造成不必要的损失。鉴于此，企业应格外重视并购过程中的涉税风险。

企业在发展过程中，为达到降低税负、逃避监管的目的，通常会吸收合并其他亏损企业。但实际上，合并企业在合并亏损企业过程中，被合并企业的亏损并不一定能在合并企业中得到有效弥补。

根据《财政部、国家税务总局关于企业重组业务企业所得税处理若干问题的通知》(财税[2009]59号)规定，企业重组的税务处理区分不同条件分别适用一般性税务处理规定和特殊性税务处理规定，被合并企业的亏损不得在合并企业结转弥补。适用于一般性税务处理规定的吸收合并，被合并企业的亏损不得在合并企业结转弥补。适用于特殊性税务处理规定的吸收合并，被合并企业的亏损可在合并企业限额弥补。可由合并企业弥补的被合并企业亏损的限额=被合并企业净资产公允价值×截至合并业务发生当年年末国家发行的最长期限的国债利率。鉴于此，企业限额弥补过程中，倘若被合并企业净资产为零或负数，那么可由合并方弥补的亏损金额就为零。

根据财税[2009]59号的规定，企业合并适用特殊性税务处理必须同时符合如表6-6所示条件。

表 6–6　特殊性税务处理规定的吸收合并需满足的条件

序号	具体条件
1	具有合理的商业目的，且不以减少、免除或者推迟缴纳税款为主要目的
2	企业合并后的连续12个月内不改变合并资产原来的实质性经营活动
3	企业合并中取得股权支付的原主要股东，在合并后连续12个月内，不得转让所取得的股权
4	企业股东在该企业合并发生时取得的股权支付金额不低于其交易支付总额的85%（同一控制下，且不需要支付对价的企业合并不受此比例限制）
5	合并企业必须整体取得被合并企业的全部资产和负债

特殊性税务处理规定的吸收合并必须满足表6–6所示条件，企业为达到自身商业目的而进行不相关合并亏损企业的行为，与财税[2009]59号规定的反避税特征的限定条件相背离，因此，税务机关可以基于财税[2009]59号的规定，将其合并行为认定为一般性税务处理规定的吸收合并，被合并方的亏损也不得在合并企业中结转弥补。此外，无论是一般性税务处理规定的吸收合并还是特殊性税务处理规定的吸收合并，企业的这种行为并不会真正达到降低税负、逃避监管的目的，反而会成为阻碍企业自身持续发展的限制因素。

6.4.2　收购标的带来的涉税风险

（1）企业吸收合并后，需要相继承担被合并企业未履行的纳税义务和有关的债务风险，并会面临合并企业的税收负担和债务风险。但若通过公司合并的方式并购，根据《中华人民共和国公司法》第一百七十四条规定，公司合并时，合并各方的债权、债务，应当由合并后存续的公司或者新设的公司承继。因此，由于存在继承关系，企业吸收合并后承担的税收负担和债务风险会大大增加。

（2）并购前目标企业未履行的纳税义务直接影响并购后企业的财务状况。无论是通过资产收购、股权收购的方式并购，还是以同一、非同一控制下的控股合并方式并购，都会存在各种税收问题。

首先，企业根据资产收购、股权收购和控股合并等方式获得目标企业的控制权，依据《企业会计准则第2号——长期股权投资》相关规定，投资方对被投资单位具有共同控制或重大影响的，长期股权投资应采用权益法核算。因此，目标企业的损益变化会直接影响并购后企业的损益情况。企业并购前，目标企业未履行应尽而未尽的纳税义务，并购后再履行，将会使并购后企业的损益减少。

其次，并购后的企业集团在《合并会计报表暂行规定》《企业会计准则第33号——合并财务报表》的规定下合并财务报表，此时，并购前应尽而未尽的纳税义务会给整个企业集团的财务状况造成一定的影响。

（3）并购前，目标企业未履行的纳税义务将造成目标企业的净资产虚增，同时收购企业的收购成本也会增加。目标企业存在的未履行的纳税义务实际上是对国家的负债，但并购前在会计报表中并未体现。其带来的后果是直接虚增目标企业的股东权益，而收购企业收购时付出的实际净资产的收购对价也相对较高，收购成本大大增加。

（4）并购前目标企业未计算相关涉税事项，致使收购企业的收购成本和并购后企业的税收负担增加。在企业并购时，目标企业存在的应计未计费用、应摊未摊资产、应提未提折旧、少计未计可在以后年度弥补的亏损、少计未计未过期限的税收优惠额等情形，会带来两个后果：第一，目标企业存在的应提未提折旧、应计未计费用、应摊未摊资产情形，会直接导致目标企业的股东权益虚增和收购企业的收购成本增加；第二，根据《财政部、国家税务总局关于企业重组业务企业所得税处理若干问题的通知》（财税[2009]59号）的规定，因符合条件不选择所得税清算而选择特殊性税务处理的企业合并，可由合并企业在限额内弥补被合并企业未过期限的亏损额。

在企业吸收合并中，合并后的存续企业性质及适用税收优惠的条件未发生改变的，可以继续享受合并前该企业剩余期限的税收优惠，其优惠金额按存续企业合并前一年的应纳税所得额（亏损计为零）计算。鉴于此，目标企业存在少计未计可在以后年度弥补的亏损、少计未计未过期限的税收优惠额情形的，并购后企业享受的因并购的资产所继承的税收权益有所减少，而税收负担有所增加。

6.4.3 企业收购交易的税收风险

（1）被收购方是否缴纳企业所得税。

企业在并购过程中，采用的并购方法不同，其税务处理方式也会不同。《财政部、国家税务总局关于企业重组业务企业所得税处理若干问题的通知》（财税[2009]59号）规定，企业重组的税务处理区分不同条件分别适用一般性税务处理规定和特殊性税务处理规定。两者的主要区别在于：一般性税务处理的被收购方收取收购方的股权支付形式所对应的转让所得需要缴纳企业所得税，而特殊性税务处理的被收购方收取收购方的股权支付形式所对应的转让所得暂时不需要缴纳企业所得税，即暂免企业所得税。它们的共同点在于：被收购方收取收购方的非股权支付形式所对应的转让所得都需要缴纳企业所得税。

根据财税[2009]59号对资产收购和股权收购的税务处理的规定，资产收购和股权收购的企业所得税的特殊性税务处理条件严格。然而，部分被收购方为了减税节税进行重组活动，过分追求资产收购和股权收购的企业所得税的特殊性税务处理待遇，即暂免企业所得税。鉴于此，税务机关可以依据财税[2009]59号文的规定，将其资产收购和股权收购行为因不符合商业目的而认定为一般性税务处理，被收购方需要缴纳转让所得的企业所得税。

（2）没有向税务机关提交书面备案资料而失去免税重组的优惠。

财税[2009]59号第十一条规定："企业发生符合本通知规定的特殊性重组条件并选择特殊性税务处理的，当事各方应在该重组业务完成当年企业所得税年度申报时，向主管税务机关提交书面备案资料，证明其符合各类特殊性重组规定的条件。企业未按规定书面备案的，一律不得按特殊重组业务进行税务处理。"因此，企业免税重组的实现离不开税务机关对书面备案资料的审核，企业如果没有把证明其符合资产收购和股权收购特殊性重组规定条件的书面备案资料向当地的税务机关提交申请，那么必须按照一般性税务处理，无法依据特殊重组业务进行税务处理。

6.4.4　增值税、营业税和契税风险

企业在进行股权收购、资产收购和合并时，并入合并企业、收购企业的被合并方和被收购方的各项资产（动产和不动产）是否缴纳增值税和营业税需要根据不同情况而定，同时是否缴纳契税也有严格的条件限

制。在实践中，部分企业存在的税收风险诸多，如增值税、营业税和契税少漏，增值税、营业税和契税多缴等。

《国家税务总局关于纳税人资产重组有关增值税问题的公告》（国家税务总局公告2011年第13号）规定："纳税人在资产重组过程中，通过合并、分立、出售、置换等方式，将全部或者部分实物资产以及与其相关联的债权、负债和劳动力一并转让给其他单位和个人，不属于增值税的征税范围，其中涉及的货物转让，不征收增值税。"

根据此规定，需要注意以下两点：

一是规定中提到了两个关键点，分别是"实物资产""一并"。具体而言，资产重组的纳税人在进行合并、分立、出售、置换时，必须将"实物资产"以及与其相关联的债权、负债和劳动力"一并"转让给其他单位和个人。换句话说，是转让企业全部产权的资产重组，即转让企业全部产权中的应税货物转让，不在增值税的征税范围之内，也就无须缴纳增值税。反之，像单纯的资产转让行为或资产收购行为，则需要征收增值税。因此，在实践中，"吸收合并"下转让应税货物，无须征收增值税，而资产收购、资产转让和整体资产转让都需要征收增值税。

举例而言，A企业持有B企业全部的股权。2011年5月，A企业和C企业签订了吸收合并企业协议，协议约定，A企业将其持有B企业的全部产权转让至C企业，之后B企业注销，C企业获得B企业的全部资产、债权、债务和劳动力。其中，B企业注销属于吸收合并行为，这一行为应适用《国家税务总局关于纳税人资产重组有关增值税问题的公告》（国家税务总局公告2011年第13号）的规定，不征收增值税。

倘若B企业在不注销的情况下，以转让全部资产的方式换取C企业股权和非股权支付，这属于B企业资产被C企业收购的行为，从实际来说是整体资产的转让。其中在资产转让中，B企业转移应税货物的所有权，需要正常征收增值税。

二是就资产重组交易而言，无论是全部产权转让的资产重组交易还是部分产权转让的资产重组交易，涵盖的应税货物的转让都不在增值税的征收范围之内。转让企业全部产权是企业资产、债权、债务和劳动力整体转让的过程；转让企业部分产权是企业资产、债权、债务和劳动力部分转让的过程。

举例而言，A企业持有B企业全部的股权。2012年5月，A企业和C企业签订一份吸收合并企业协议，协议约定，A企业将其持有B企业的全部产权转让至C企业，之后B企业注销。但合并协议约定，A企业承担部分资产、债权和债务，C企业获得全部其他资产、债权、债务和劳动力。基于协议约定，A企业承担B企业部分资产、债权和债务，实际上是A企业对B企业资产的收购行为，A企业获得B企业应税货物所有权，需要照常征收增值税。C企业获得的其他资产、债权、债务和劳动力是吸收合并B企业的行为，则无须征收增值税。

《国家税务总局关于纳税人资产重组有关营业税问题的公告》（国家税务总局公告2011年第51号）规定："自2011年10月1日起，纳税人在资产重组过程中，通过合并、分立、出售、置换等方式，将全部或者部分实物资产以及与其相关联的债权、债务和劳动力一并转让给其他单位和个人的行为，不属于营业税征收范围，其中涉及的不动产、土地使用权转让，不征收营业税。此前未作处理的，按照本公告的规定执行。”根据此规定，纳税人合并、分立、出售、置换等资产重组中涵盖的不动产、土地使用权的转让，不征收营业税必须满足两个条件：一是企业转让给其他单位和个人全部或者部分实物资产；二是与转让资产相关的债权、债务和劳动力也转移给获得全部或部分实物资产的其他单位和个人。然而，若企业只把全部或部分实物资产转让给其他单位和个人，尚未转移与该实物资产相关的债权、债务和劳动力，其涉及的不动产、土地使用权转让则需要正常缴纳营业税。

财政部、国家税务总局发布的《关于进一步支持企业事业单位改制重组有关契税政策的通知》（财税[2015]37号）规定：“自2015年1月1日起至2017年12月31日，在股权（股份）转让中，单位、个人承受公司股权（股份），公司土地、房屋权属不发生转移，不征收契税。”

6.4.5 并购重组中的税务风险控制

通过分析以上税务风险，应该采取以下税务风险控制策略：

并购重组前需要进行尽职调查

尽可能多地了解被兼并企业的相关信息是规避并购重组中的信息不对称的有效方式。对兼并企业而言，事前详细调查被兼并企业税务的合规性是必不可少的，税务调查的内容主要涵盖两方面：

（1）税务合规状况的调查。定期清查被兼并企业适用的相关税务规定，分析该企业整体税负，了解该企业的税务管理流程和适用的税收优惠政策，通过对比其流程，了解是否符合相应的法律规定，为评估兼并后统一的税务管理提供真实的一手资料。

（2）税务健康检查。税务健康检查以合规性调查为基础，对被兼并企业的税务履行情况进行调查，调查内容具体包括税收优惠合法性审查和欠缴税款情况调查。这类调查需要了解该企业的纳税完整报告及纳税凭证、账册、交易合同等相关信息，而这些信息主要从税务机关获取，进而分析税务隐患存在情况，若存在应缴而未缴的税款，则需要从企业总资产中扣除。同时，全部补计补提目标公司的应计未计费用、应提未提折旧和应摊未摊资产，全面评估目标企业可能存在的未履行的纳税义务，以便缩减目标企业的股东权益，实现净资产账面价值、公允价值与实际情况相契合，降低收购企业的收购成本，并对并购中的涉税风险做到有效防范。

并购重组前需要聘请税收专家分析并购风险

一般而言，税务调查涉及的知识广泛，包括会计、法律等多学科专业知识，为有效、合法地做好事前尽职调查，需要聘请专业、权威的税收专家及委托税务律师事务所进行调查，并严格分析调查的结果，做好合并后税务管理整合的规划和设计。

重点关注并购重组中享受税收优惠政策的条件

（1）享受免增值税、营业税优惠政策。企业进行合并、资产转让、股权转让时，需要把全部或者部分实物资产以及与其相关联的债权、负债和劳动力一并转让给收购企业和合并企业。

（2）向当地的税务机关提交证明其符合资产收购、股权收购和合并特殊性重组规定条件的书面备案资料。

（3）需要达到财税[2009]59号规定的特殊重组必须具备的条件。